観察の政治思想

小山花子

アーレントと判断力

*The Political Thought of Spectatorship :
Arendt and Judgment*

東信堂

はしがき
―― 何がなされるべきか？ 選挙の日だけでなく毎日、いつでも

　ハンナ・アーレントの時代診断は暗い。我々の時代には、身近な冒険としての行為も、革命的熱狂の嵐も、また絶対的なルールが存在しない中で他者の賛同を懇願してゆく判断の営みも、遠景に退き、既に過ぎ去ったこととして記憶の箱に封印されたかのようである。

　この我々の時代には、一方でアラブの春のような、まさに劇的な、世界史的な展開がある。しかし他方で、民主主義が成熟した先進国で、無力感と、政治過程への怒りが広がっている。筆者はアーレントが、現代日本の閉塞感にも通じるような憂いを述べる中で、観客の域を出ることができない聴衆としての「私(わたし)」に語りかけ、何らかの希望を与えてくれないかと考えた。行動することができなくても、私たちは出来事について語り、その語りにおいて他者と繋がり、また未来を拓けるかもしれない。

　無論これすらも、理想的すぎるか、「ハードルが高い」かもしれないことは承知している。共同体が失われたと言われる現代において、一般性を有する語りをなしていこうとすることはとてつもなくリスキーなことに思える。「自分は○○と思う」あるいは「自分的には○○である」という言明から、「自分」を外して、「○○である」というステートメントを打ち出すこと、もしくは「我々にとって○○である」という共通の判断を表すことは、容易に身勝手さや傲慢さ、押しつけがま

しさ、勘違いの振る舞いというレッテルを貼られてしまう。アーレントが自身の判断を発表したことで浴びた轟々たる非難を思い返しさえすればよい。他者を説得しようとしたり、他者の同意を要求しようとしたりすることは、暴力的であるとさえ言われ、その正当性自体が疑われている。現代は個人の時代であって、善悪も美醜も正義もすべて十人十色であるから、他人のことに干渉すべきではないという価値観が社会を貫いている。

過去に向き合うことも、簡単ではない。悲劇や失敗、挫折の連鎖は、我々を絶望的にする。その暗い歴史の中から一縷の望みを拾い出す力を、我々はどこから得ることができるのだろうか。必然性としての過去のレンズを通して見えるのは、同じく必然性としての未来である。それは、酷なものでもある。ただし、聴衆もまた世代交代をするということを、アーレントは強調する。同じ過去を見るまなざしは、「新鮮な聴衆」の到来によって変えられることがある。歴史が塗り替えられるのは、新しいことが起きた時だけではなく、過去の同じ劇に別の解釈がされた時でもある (Arendt, 1978b, I, 97=1994, 上, 113)。

本書で取り上げる、観察し、判断する営みは一見、受動的で、非活発である。むしろ、生ぬるくさえあるかもしれない。ひょっとしたらテレビを見て文句を言っているだけで何も行動を起こさず、肝心な時には力に屈してしまうような、そんな無責任で無気力な市民像を惹起しないとも限らない。

しかし、こうしたイメージは、本書でその一端を描こうとするアーレントの観察者精神とは、全くといっていいほど似つかない。退いて眺める存在としての人は、アーレントによれば、参加の留保すなわち「不服従」と「抵抗」を選ぶ勇猛な人でもある。全体主義などの「極限状況」では、普段は行為せず、政治の世界から遠ざかっている人も、

その快適な「隠れ家から出てきて」、揺るぎない判断主体として悪への不参加を決行、服従を拒否する(Arendt, 1971, 446; 1978b, I, 192-193=1994, 上, 223-224)。そしてアーレントは、次のように指摘するのである。

> 幸運であれば、全体主義的独裁下でのこうした道徳的態度は、仲間からの孤立を生むだけだろう。不運であれば、死を招くことになる[1]。

さらりと言われているが、ここでアーレントが指摘していることの意味は重い。引き籠もって思考し、世界のために判断を下していくことが、特定の状況下では、死の覚悟や、命がけのコミットメントにすらなるという暗黒郷的な状況の現実性を、アーレントは説いているのである。アーレントは、政治的に行為する人が、生死を気にせず名声を追い求める勇気の徳を持っていることを指摘した。しかし、行為せずに眺めるだけの人も、場合によっては死を見据えることになると断じているのだ(Kateb, 2007; 小山, 2013)。「私自身と共にあり続け」られないほどの強制が世の中を襲う時、こうした人は、良心の堅持を優先する。悪への「参加を強制的に要求された場合、彼らは死ぬ方を選んだ」(Arendt, 2003, 44, 278n.10)。アーレントが例としてあげるのは、ナチスに対する抵抗であるから、ここで明かされているのはレジスタンスの闘士を思わせるような、壮絶な良心の力である。

もっとも我々は、もはや全体主義やファシズムの下にはいないのだから、このような極端な状況のことを考えても無意味だと言う人がいるかもしれない。確かに、今すぐに命を奪われるような危険の下には、日本を含めた先進国の大多数の人々はないのかもしれない。しかし、アーレントの指摘は、本当に我々とは無縁なのだろうか。今日、

グローバルに見た場合、許しがたい悪や不正を永存させるひとつの巨大なシステムの中に、我々はいるのではなかろうか。我々の不満は、柔軟さまざまの力を使い分けながら個人の生活に介入しその自由を制限する、不気味で、朦朧としたシステムに組み入れられていることから生じているのではなかったか。現在の帝国的秩序においては (Hardt and Negri, 2000)、さらに、出生の瞬間が内戦や貧困などの極限的暴力と分かちがたく結ばれてしまっている夥しい数の人が存在することも、また看過できない事実ではなかろうか。極限状況は、存在しないのか。現代人にとって、不服従や不参加は、他人事だろうか。

　アーレントの政治思想を学んだ人が、現代世界に対する鋭い危機感から今日の世界そのものをひとつの「極限状況」と捉え、本書で見ていくような観察の生活を営む人が、その「隠れ家」から出て行かなければならないような「危機」的な状況、不服従という問題がまさに眼前に広がっている時代であると主張していることは、重要なことである (Hayden, 2009; Isaac, 1998; Taylor, 2002)[2]。我々は、危機をごく一瞬の出来事として、時間的に限られたものと考えがちであるが、場合によっては数百年も続くような時代そのものが、人類全体にとっての「危機」や「極限状況」であることもあるというのが、アーレントの見方である (Kateb, 2007)。

　必要なのは、共感と、差異を乗り越える強さであろう。その一面を、アーレントに即して、本書では示したつもりである。こうしたものが世界に充満することを、筆者は願ってやまない。また、本書から民主主義の新しい形を考えるためのヒントを得てくれる人がいるならば、筆者にとってはこれ以上ないという位の喜びである。

〔注〕

1 "Moral Responsibility under Totalitarian Dictatorship," Hannah Arendt Papers, Manuscript Division, Library of Congress, Washington, D.C., 023015.

2 パトリック・ヘイデンは、特にアーレントの死後であるレーガン、サッチャーの時代以降に出現し、本書を執筆している2012年現在も進行している新自由主義を問題視している。新自由主義は、政治の否定であり、国家の否定でもある自己破滅的なイデオロギーである (Hayden, 2009)。また、Žižek, 2009 も参照されたい。

謝　辞

　本書は、筆者がニュースクール・フォア・ソーシャル・リサーチに提出した博士論文プロポーザルを出発点としている。「活動的生活における判断——ハンナ・アーレントの政治的活動の概念の再構成」と題したこのプロポーザルを提出してから約10年、そしてアーレントが教壇に立ったこの大学院での研究生活を終えて約6年が既に経過している。この間、筆者の生活環境も世界そのものも大きく変化したが、アーレントの思想を研究することのレレバンスは一向に失われていないと思う。博士論文の指導を引き受けてくださったナンシー・フレイザーにここで改めて感謝の意を表したい。また博士論文の審査に加わっていただいたリチャード・バーンスタイン、アンドルー・アラート、ヒルトン・ホワイトにも心から感謝したい。かつての自分にとっては夢のような研究者に博士論文の審査をしていただけたことは、本当に嬉しく幸運なことであったと思っている。しかし論文の内容について沢山の宿題や助言を頂戴したにもかかわらず、未だに活かせず進歩が見られないことについては、ひとえに筆者の責任である。

　ともすれば怠慢な筆者を励まし、叱咤してくれたニュースクールの元博士課程の院生たちにも、感謝したい。エンジェル・ジャラミロ、サロイ・モレノ、李忠勲、クリスティーナ・ゴンザレスは特に、知的な意味でも刺激を与えてくれる良き友であった。ナンシー・シリー、

郭昌霖、上平公哉は、ニュースクール留学時から著者を励まし、アカデミックな目標を持ち続けることの大切さを教えてくれた。ニュースクールのデビッド・プロトケは、博士論文の審査にこそ加わらなかったがさまざまな点でガイダンスを与えてくださった。「自分の専門以外の先生が、かえって親身になっていろいろ教えてくれることもありますよ」という矢澤修次郎先生のご指摘通りに、論文の書き方から学会報告の仕方まで、まさにいろいろと教えてくれた。大学院の修士課程以来、面倒を見てくださった矢澤修次郎先生にも、ここで改めて感謝の言葉を述べたい。また学部時代よりお世話になっている青山学院大学の土山實男先生にもお礼を述べたい。著者がそもそもアメリカで博士号取得を志したのは、大学2年生の時に土山先生の国際政治学の授業を履修したことがきっかけであった。

　本書を出版することになった最も直接的なきっかけという点では、信州大学の田中祥貴先生にお礼を言わねばならない。「先生、そろそろ著書を出されませんか」という田中先生の一言によって本書は実現したのであった。似たような言葉を何年も前から、いろいろな方からありがたくも頂戴しつつも重い腰が上がらなかったのに、先生に言われたらとたんに原稿を書き上げてしまった。いかにしてか、今でもわからない。とにかく人を動かす先生のお力に感動している。

　また、東信堂の下田勝司社長にも、お世話になった。出版情勢が厳しいのにもかかわらず、このような思想書を世に出す労を執っていただいたことに感謝の意を表明したい。

　最後に、今振り返っても惜しまれるような、長い充実した学生生活・留学生活を可能にしてくれた父母に、改めて感謝したい。

観察の政治思想──アーレントと判断力／目次

はしがき …………………………………………………………… i
謝　辞 ……………………………………………………………… vii

序章──聴衆民主主義を超えて ………………………………… 3
　観察の政治思想 ………………………………………………… 4
　本書の概要 ……………………………………………………… 6

第1章　観察者としてのアーレント …………………………… 9
　1．アイヒマン論争の概要 ……………………………………11
　2．美的なるもの ………………………………………………17
　3．「無関心ではなく、距離を置いて」………………………20
　4．根源性と陳腐さ ……………………………………………24

第2章　徹底的な民主主義の種火──建国と自由の狭間で ………35
　1．はじめに──思想と「矛盾」………………………………35
　2．ギリシアモデルと革命モデル ……………………………39
　3．始まりのアンチノミー ……………………………………45
　4．過去へのまなざし …………………………………………51
　5．日常空間の政治を求めて …………………………………60
　　　──聖アウグスティヌスと挫折する愛

第3章　死と昏睡の後に ………………………………………75
　　　──古代・中世・近世を貫く公共性の変容
　はじめに …………………………………………………………75
　1．ポリスと言論 ………………………………………………76
　2．長い忘却 ……………………………………………………77
　　　キリスト教の無世界性　78
　3．現れる生命過程 ……………………………………………80
　4．アメリカ合衆国 ……………………………………………83
　　　(1) 2つの公共性──現れと言論　83

(2) 秘匿を奨励する代表制民主主義　85
　　(3) 娯楽、消費、文化　87
　　(4)「失われた宝」はタウンシップだけではない　90
　おわりに——はじめは悲劇として、次は笑いとして……………92

第4章　劇場の政治とその含意 ……………………………………97
　はじめに ………………………………………………………………97
　1．非行為者の問題 ……………………………………………………98
　2．市民的不服従における行為者と観察者………………………100
　3．観察者の役割………………………………………………………106
　おわりに ……………………………………………………………110

第5章　許し……………………………………………………………119
　はじめに ……………………………………………………………119
　1．許しと根源悪 ……………………………………………………121
　2．アイヒマンと許し………………………………………………124
　(1) 許し、悪、「誰」——ジュリア・クリステヴァの見解　124
　(2) 罪の「客観性」——許しから処罰、そして判断へ　127
　3．悪を「理解」する ………………………………………………130
　(1) 理解の概念　131
　(2) 理解の地平としての「悪の陳腐さ」　134
　4．先行する許しの可能性——おわりにかえて ………………134

第6章　人と自然………………………………………………………139
　　　　——アーレントの科学技術批判
　はじめに ……………………………………………………………139
　1．物と自然…………………………………………………………141
　2．自然中心主義の批判……………………………………………143
　3．ギリシアとローマの間で………………………………………145
　4．繰り返す新しい国家概念………………………………………148
　(1) 社会と自然　148
　(2)「いつでも、まるで初めてのように」　150

参考文献……………………………………………………………155
初出一覧……………………………………………………………171
事項索引……………………………………………………………172
人名索引……………………………………………………………175

凡例
● 本文の引用箇所には基本的には原典にあたっているが、一部既訳を使用している場合もあるため邦訳の頁を示し、出典を明示した。

観察の政治思想
―― アーレントと判断力

序章——聴衆民主主義を超えて

　日本では、政治の機能不全とアパシーの増大が指摘されて久しい。投票率の低さに象徴される政治不信、政治への失望感が社会を覆っている。あまりにも多くの問題を抱えるこの政治状況に、民主主義に対するハンナ・アーレントの冷たい批判が思い起こされる。代表制民主主義の問題は、その理論にあるわけではない。むしろそれが、決してその理論通りには機能しないことにある、と（Arendt, 1965b, 236-238=1995, 380-384）。

　アメリカを中心とした国々では、参加民主主義、「強い」民主主義、市民的共和主義、そして討議民主主義などを唱える活動家や市民が、より活動的なシティズンシップ、より能動的な市民像を模索してきた[1]。これらの試みは、現代の先進国における民主主義の再生や活性化への根強い関心を表している。

　筆者の注目は、活動的で能動的な民主主義を目指しつつも、その状態へと至る道半ばにあって、市民の政治的な態度の鍛錬に目を向ける思想、あるいは政治的な興味を保持し、人間の共在のあり方について考え続けるような情熱的な態度についての思想にある。「聴衆」としての「私（わたし）」が政治化する道筋についての政治思想と言ってもよい。今日、「私」が政治でできることは少なくない。「私」は、投票に行くこともできるし、日々の仕事や行動において他人に影響を与えることもでき

るし、今ではネットで情報発信をすることも、デモに参加することもできる。これらについて敷衍する思想があってもよいはずである。「私」にできることは何か、何がなされるべきか[2]。

このような問いを発する時、我々は、無知で無責任という、悪い意味での「聴衆」民主主義から、良い意味での「聴衆」民主主義へと移行しようとしている[3]。この「良い」意味での聴衆とは、情熱的に物事を眺め、よりよい社会に向けて判断を下す、多数派に流されることのない自立的な行為主体である。こうした良い意味での「聴衆」のあり方を模索する中で、本書は、アーレントの政治思想へと至った。それは、一歩退いた「観客」の立場から政治の劇場を眺め、考え、批判する営みに焦点を当てる思想でもある。この思想は、アーレントにおいては、「判断力 (judgment)」や「観察者 (spectator)」をめぐる議論として知られている。そんなわけで、本書は、抽象的すぎて具体的な政治的示唆に乏しいと咎められることもある、精神の諸能力及び観想的生活についてのアーレントの考察を扱っている。

観察の政治思想

本書では、不服従にも至りうる、普通の市民あるいは聴衆の観察者精神 (spectatorship) とはいかなるものかを考えたいという願いから、アーレントの観察の政治思想を取り上げた。

ここで、アーレントの政治思想について、簡単に解説しておきたい。アーレントの政治思想は、実に多様な「顔」を持っていると言われる。古代ギリシアのポリスにおける直接的な政治参加を讃美し、近代以降の世界を、こうした政治参加の衰退した世界として捉える一方で、20世紀における全体主義に対し、容赦のない批判を浴びせる。こう

してアーレントは、直接的政治参加の熱心な支持者とみなされたり、「『希望』の政治思想家」、あるいは古典的共和主義者と呼ばれたりする (Bernstein, 1996b, 2; Canovan, 1992, 202; Isaac, 1998, 101-102)。またそれは、反民主主義として解釈されることもあり、極端な場合には、自らが批判しようとした全体主義と思想的に通じ合っているのではないかとすら言われる (Kateb, 1983; Wolin, S., 1983; Wolin, R., 2001)。

周知のように、アーレントの思想は、聖アウグスティヌスの愛についての博士論文から、全体主義についての著作、革命についての著作、人間の「活動的生活」と「観想的生活」に関する著作まで、多岐に渡る主題を取り扱い、また方法の点から見ても、歴史的なアプローチから哲学的、そして文学的なアプローチを包容する多面性を内に秘めている。さらに、これらの著作の内部には、しばしば矛盾する主張や、主張の変化が見られる。

さまざまな解釈と、いくつものアーレント像を生み出す原因ともなっている、この多様性の背後で、彼女の思想に一貫して流れるのは、場合によっては不服従という「武器」にも発展するものとしての、観察に対する熱意とコミットメントであると、筆者は考えている (Arendt, 2003, 47-48; 小山, 2013)。アーレントは、時代を注視し、批評し続けた。彼女は、自身が認めるように、社会を変えるための青写真を提供するような思想家ではなかったが、社会と寄り添い、共にあり続けた。特に全体主義の悪をめぐる関心は、晩年に至るまで彼女から離れることはなかった。自身がいったん関心を持ったイシューにエンゲージし、徹底的に考え抜こうとする生真面目さは、画一化と大衆主義の危険と常に隣り合わせにある社会では重大な意味を持つだろう。本書では、アーレントの政治思想を、良き聴衆そして不服従の予備軍として、我々がいったい何を行い、考えるべきかという重要な問いに対する知見を

もたらすものとして捉えると共に、こうした政治思想へと結実することになったアーレントの知的人生自体を、観察のひとつのあり方を示すものとして位置づけた。

本書の概要

　本書の内容を簡潔に示したい。
　第1章では、アイヒマン裁判の観察者としてのアーレントの姿を追う。美的なカテゴリーを用いて事象を眺め、その意味をさぐるというアーレントの審美主義が、非難されるべきものであるかということが、アーレントの観察への情熱と共に論じられる。
　第2章では、過去を見つめ、過去とつながろうとするポスト革命の時代の西日を、アーレントの思想における革命と保守、そして自由と服従との「矛盾」と絡めながら論じる。創始としての革命に対する燃えさかるような情熱と、逆にたった一度きりの革命を崇拝することで政治的なるものを持続しようとする保守の精神との間で揺れ動くアーレントの姿を描いたつもりである。
　第3章では、有名な公共性の没落についての彼女のナラティブを、現れと言論の変貌、特に娯楽と消費による言論空間の変貌という観点から綴っている。
　そして第4章では、アーレントの思想における劇場のメタファーに注目し、自立的な判断の主体として、行為を判定する観察者としての市民という観念を、市民的不服従についての論考を基にしながら提示しようと試みた。
　第5章では、再びアイヒマン裁判の問題を見ながら、許しについてのアーレントの議論を追う。アーレントが、悪を人間的地平において

論じることを目指していたという解釈が、ここでは示されるだろう。

最後に、第6章では、人と自然との関係をめぐるアーレントの考察に注目する。第2章や第3章でも触れてきた、ギリシア的なるものとローマ的なるものとの緊張関係が、本章で再び俎上に載せられるだろう。

全体として、これまで十分に語られてこなかった、アーレントの思想の側面を描き出すことを試みた。論題が多方面に渡るため、不十分なところや、舌足らずなところもあろう。批評やコメントを頂戴できれば幸いである。

本書をきっかけとして、アーレントの思想に興味を持ってくれる読者が現れることを願っている。こうした読者が、さらに、20世紀に大衆民主主義に堕し、ファシズムすらも生み出してしまった民主主義の、21世紀における再生にも関心を抱いてくれたら、感激の極みである。

〔注〕

1 例として、Gutmann and Thompson, 1996; 2004; Barber, 1984; Trend, 1996; Petit, 1997; Fishkin, 1997; Fishkin and Laslett, 2003; Ackerman and Fishkin, 2004; 岡部, 1996; 栗原・小倉, 1996; 浜田・小野田, 2003 をあげておきたい。

2 これについては、ジーン・シャープの一連の著作も参照されたい(Sharp, 1973a; 1973b; 2010=2012)。投票以外の政治参加に対する関心は、今日の日本でも高まっている。例えば小熊, 2012 を参照して頂きたい。

3 聴衆民主主義の語は、バーナード・マニンの著作で用いられている。Manin, 1997, 193-235 を参照されたい。マニンによると、聴衆民主主義（audience democracy）は、近代の代表制民主主義の変形体のひとつとして、歴史的にはその最終段階、1970年代頃から現れた民主主義の形態である。聴衆民主主義は、新聞やラジオ、テレビなどの政治的コミュニケーションのツールを用いて、政党を介さずに直接有権者に語りかけ、①代議士の選出、②代議士の不完全な自立性、③世論の自由、④論議による審理という4つの点で、歴史的に先行する議会主義及び政党民主主義と一線

を画す。中立的な世論調査機関が発達するのも、聴衆民主主義の時代である。マニンは、自立的な意見形成や政策判断の主体であるはずの市民が、あたかもテレビ番組の視聴者のように「イメージ」に流され、政策ではなく候補者の人柄に基づいて投票行動を行っていると指摘している。

第1章　観察者としてのアーレント

判断をしたということ、それだけで十分なのです[1]。

　本章では、ハンナ・アーレントの『イェルサレムのアイヒマン──悪の陳腐さについての報告』(以下、『アイヒマン』と略) をめぐる問題について扱う(Arendt, 1965a=1969)。周知のように、アーレントのこの書物については、元となるエッセイが「ニューヨーカー」誌に発表されて以来、時に激しい論争を呼んできた。論争は、次の2つの批判に関連していた。まず、ユダヤ人虐殺にかかわるアーレントの記述、特にナチスとユダヤ人評議会の協力関係をめぐるアーレントの記述についての批判である。最も辛辣な批判を展開した者のひとりであるヤコブ・ロビンソンによると、アーレントの『アイヒマン』には、史実に関する数百もの誤りが存在するということだ(Robinson, 1965)。いまひとつの批判は、「悪の陳腐さ」という主張にかかわるものである。アーレントは『アイヒマン』の中で、ユダヤ人評議会が、自民族であるユダヤ民族の虐殺に果たした役割を示唆する一方、ナチス・ドイツの親衛隊将校のアドルフ・アイヒマン──彼は1942年以降、保安本部秘密国家警察局でユダヤ人絶滅計画の実行責任者として活動した──を特別に邪悪な性質も意図も持ち合わせない、平凡な、ごく普通の市民として描き、こうして彼の犯した罪を矮小化しようとしたという (Abel, 1963; Arendt,

1978a, 240-279; Bell, 1963; Benhabib, 1996a; Podhoretz, 1963; Syrkin, 1963)[2]。

　本章で扱いたいのは、主として2番目の批判である。自らユダヤ人であり、ナチス・ドイツからの亡命者としてアメリカに渡ったアーレントは、どのようにアイヒマン裁判を見つめたのか。法廷という「劇場」を通じて過去を眺めやるアーレントのまなざしには、観察者(spectator)というあり方が秘められていたのではなかろうか (Arendt, 1965a, 3-20)。そしてアーレントは、この観察者というあり方に対し、どのようなコミットメントを示したのか。

　本章で筆者は、いわゆるアイヒマン論争を追いながら、これらの問題について考えたい。その際、アーレントの思想において重要な位置を占める美的なるもの、あるいは美醜のカテゴリーによって行為を眺めやる観察者という問題に留意する[3]。ジョージ・ケイテブが指摘するように、アーレントの思想には、政治現象の本質は美的なカテゴリーによって把握可能であるという見方が存在する (Kateb, 2001, 121-122)。偉大さや美しさのカテゴリーだけが政治的行為を判断し、その本質を剥き出しにすることができるという見方である。アーレントが『アイヒマン』で用いた「陳腐さ」などのカテゴリーは美的なカテゴリーということもでき、その場合、彼女の目は美的な関心を示していたことになる (Neiman, 2001, 76-89)。

　以下では、『アイヒマン』でのアーレントの議論と、それに対して向けられた批判を概観する。そしてアーレントにおける美的なるものの位置づけについて検討し、『アイヒマン』での彼女の語りとの接点を探る。また距離を置いて眺める観察者の心性と、観察に対する彼女のコミットメントを、1964年のギュンター・ガウスによるインタビューや、カール・ヤスパースと交わした手紙から明らかにする。

第1章　観察者としてのアーレント　11

1. アイヒマン論争の概要

『アイヒマン』は、1961年にイェルサレムで行われたアイヒマン裁判を、「ニューヨーカー」誌の「レポーター」として傍聴していたアーレントが、1963年2月から3月にかけてニューヨーカー誌に掲載したエッセイを元に編まれたものである[4]。その中でアーレントはナチス・ドイツにおける、「最終解決」を含めたユダヤ人の迫害と虐殺の詳細を、イスラエルの法廷でのアイヒマンの証言を交えて再構成する。彼女の記述の中で特に疑問視され、烈しい拒否反応を生んだのは、ユダヤ人評議会がこの迫害のプロセスになした関与についてである。彼女は、次のように書いている。

> ユダヤ人が暮らしているところはどこにでも、一般に認められたユダヤ人指導者が存在したのだ。しかしこれらの指導者はほとんど例外なく、何らかの形で、何らかの理由で、ナチスと協力したのだった。もしユダヤ人が本当に未組織で指導者を持たなかったならば、混乱と非常な悲惨は存在しただろうが……犠牲者総数が450万から600万に上るようなことはまずなかったろう (Arendt, 1965a, 125=1969, 98-99)。

ユダヤ人評議会による組織化がなければ、ユダヤ人の「犠牲者」の数ははるかに少なかったろうというアーレントの記述は、ユダヤ人が自民族の破壊に寄与したという主張とみなされ、犠牲者を侮辱する行為として激しく糾弾された (Ring, 1997; Mommsen, 1991)。

他方アーレントは、ユダヤ人虐殺計画の実質的な任務を担ったアイヒマンのくだらなさ、その凡庸さを指摘する。彼女のレポーターとし

ての観察に目を向けてみよう。アイヒマンの言語能力は明らかに劣っており、お世辞にも優れたものとは言えなかった。アイヒマンは「自身も学校時代から既に彼を悩ましていたに違いない或る欠陥——軽い失語症——を朧げながら自覚していて、『官庁用語 (Amtssprache) しか私は話せません』と弁解した」(Arendt, 1965a, 46-47=1969, 37-38)。アーレントは、アイヒマンの供述書を読んで声を上げて笑ったという (Arendt, 1994, 16; 1996a, 62)。「それも、何回も」である (Arendt, 1994, 16; 1996a, 62)。そこには、一般的に可笑しさの基準とされる、社会性の欠如すなわち、想像力の欠如が見て取れる。アイヒマンの性格の「より特殊的な、しかもより決定的な欠陥とは、ある事柄を他人の立場に立って見るということがほとんど全くできないということだった」と、アーレントは述べる。さらに、彼女はこう我々に伝える。「彼の語るのを聞いていればいるほど、この話す能力の不足が、考える能力——つまり誰か他の人の立場に立って考える能力——の不足と密接に結びついていることが、ますます明白になってくる」(Arendt, 1965a, 46-47=1969, 37-38)。アイヒマンが「怪物」でないことは「誰の目にも明らか」であったと、アーレントは書き記している (Arendt, 1965a, 52=1969, 42)。

　こうして『アイヒマン』の第15章では「悪の陳腐さ」という、その著書の副題ともなった概念が提示される。そこで彼女は、アイヒマンの最期の瞬間、絞首刑のシーンを描く。彼は絞首刑の瞬間、葬式の際に死者に向けられる弔辞の言葉を発した。彼は、自分が弔われる側にあるにもかかわらず、要するに立ち会っているのが自身の処刑でもあるにもかかわらず、弔辞を述べ得たのだ。アーレントはこれを受けて、次のように書く。

　　「もう少ししたら、皆さん、我々は皆、再会するでしょう。それ

はすべての人間の運命です。ドイツ万歳、アルゼンチン万歳、オーストリア万歳！……これらの国を私は忘れないだろう」。死を眼前にしても彼は弔辞に用いられる極り文句を思い出したのだ。絞首台の下で彼の記憶は彼を最後のぺてんにかけたのだ。彼は「昂揚」しており、これが自分自身の葬式であることを忘れたのである。

　それはあたかもこの最後の数分間の間に、人間の悪についてのこの長い講義が我々に与えて来た教訓——恐るべき、言葉と思考を拒む (word-and-thought-defying) 悪の陳腐さという教訓を要約しているかのようだった (Arendt, 1965a, 252=1969, 195 圏点はアーレントによる)。

「悪の陳腐さ」という言葉は、こうして『アイヒマン』の第15章の最後に登場する。その意味は、直接には、アイヒマンが絞首刑の際に弔辞の文句を発し得たという、直前に示された事実に対する彼女の分析から導き出されている。無論、処刑の際に、自らに弔いの句を向けるという行為が、「悪の陳腐さ」を要約するものであるとまで断定してしまうことには、疑問もあろう。そこで、『アイヒマン』の初版が出版された翌年に書かれた「後書き」に目を向けたい。この「後書き」によると、「悪の陳腐さ」について語る時、彼女は「厳密に事実のレベルにおいて」、すなわち昇進以外には迫害の任務を遂行する動機がアイヒマンの内に存在しなかったことを指摘しようとしたという。アイヒマンは「無思考的」であった。愚かであるというよりは、ある種の思考を欠いていた。このことが彼を「時代の最大級の犯罪者」へと仕立て上げることになったのである (Arendt, 1965a, 289)。例えば彼が、何ヶ月にもわたり取調べを実施したイスラエルのユダヤ人調査官に対し、なぜ自分が中佐にしかなれなかったのかを説き続ける時の無神経さ、

場違いさにアーレントは注目する (Arendt, 1965a, 289)。そこにあるのは、間違いなく極端な視野の狭さであろうが、邪悪さ——人を傷つけ苦しませることを意志する悪——や、愚かさそのものではない。アーレントはこうしたアイヒマンの性質を振り返って、アイヒマンが「陳腐」で、「滑稽」ですらあると述べる (Arendt, 1965a, 289)。

さて、アーレントのこれらの分析に対し、どのような反論があっただろうか。ユダヤ人知識人で親友のゲルショーム・ショーレムは、アーレントと交わした有名な公開書簡において、アーレントの分析を、ユダヤ民族に対する愛情の欠如という、ある非難すべき欠陥に帰している。ショーレムによるとアーレントの分析には、「信者たちが持つ確信」がほとんど見あたらず、「ユダヤ人への愛」の痕跡すらも見いだすことができない。「ユダヤ人への愛」の不在は、さらに、「ドイツ左翼出身の多くの知識人」に典型的な現象であり、その所産としてアーレントの「ほとんど嘲笑的で悪意が込められた語り口」を生み出している (Arendt und Scholem, 1963=1997, 64-70; Arendt, 1978a, 240-245)[5]。ショーレムの手紙から引用したい。

> ユダヤ人の伝統の中には、私たちには「ユダヤ人への愛」として知られている、定義しにくいけれど十分に具体的な意味を持つ概念があります。親愛なハンナ。あなたには、ドイツ左翼出身の多くの知識人の場合と同様に、この愛がほとんど見受けられないのです。あなたの本の中で試みられたような議論は、まさしく私たちの民族の三分の一が破滅させられたというこの事態によって引き起こされる感情のゆえに、私には——もしそう言ってよければ——可能な限り最も古風な、最も周囲に配慮した、最も正確な取扱いを必要とするものだと思われるのです……。

> ユダヤ人がこれらの極端な状況に——私たちは二人ともそうした状況を被らずに済んだわけです——どのように対処したかという問題についてのあなたの論述の中には、バランスのとれた判断のかわりに、一種のデマゴーグ的な誇張への意志があまりにも多く見られます (Arendt und Scholem, 1963=1997, 66-67; Arendt, 1978a, 241-243)。

さらにショーレムは、アーレントの「悪の陳腐さ」の概念が、「深遠なる分析の成果」とは感じられず、むしろキャッチフレーズのように感じられると書く。

> あなたの〔『アイヒマン』の〕本を読んだ後も、「悪の陳腐さ」に関するあなたのテーゼには納得がいきませんでした。……この新しいテーゼは、私にはキャッチフレーズのような印象を残します。……もし、それがスローガンに留まらないものであるならば、深刻なレベルにおいて、道徳哲学あるいは政治倫理学におけるもっと内実のある概念として探求される必要があるのではないでしょうか (Arendt und Scholem, 1963=1997, 70; Arendt, 1978a, 245)。

ショーレムは、「悪の陳腐さ」をあくまで「道徳哲学あるいは政治倫理学」上の概念と位置づけ、それがより「深刻なレベル」で追求されるべきだと説いている。

基本的にはアーレントに好意的な学者であるセイラ・ベンハビブも、やはり『アイヒマン』を非難し、そこに欠けた何か、それが保有しない何かに標的を定める。ベンハビブは、次のように書く。

アーレント自身が何者であるかという問題に最も近い距離にあったため、この作品は心の平静から彼女の注意を背けさせ、時として驚くべきパースペクティブの欠如、バランス感覚の欠如、そして思慮分別を欠いた表現法を生み出している。検事長ギデオン・ハウスナーの「東方ユダヤ人」としての出自に関する明け透けな、ほとんど人種主義的なコメント、その「ドイツで教育を受けた」判事らに対する子供じみた党派心、そしてイェルサレムの法廷外に存在する「東洋の暴徒」に関する恐怖に満ちた表現はすべて、ある種の健全な精神状態の欠如と、問題からの距離の喪失を示している。正しい公的な言語、あるいは過去、悲しみ、苦難そして喪失を語る際の正しい見解を見つけていなかったというまさにその理由によってアーレントは……ユダヤ人コミュニティによって正当に処罰されたのである（Benhabib, 1996a, 35 強調点は筆者による）。

　ベンハビブは、アーレントのテクストに不在なのは「バランス感覚」や「距離」であると述べる。もし、事象から十分な距離を置き、「健全な精神状態」を保有していたならば、別のよりふさわしい言葉で綴ることができたであろうというのが、ベンハビブの主張であろう。
　こうした批判は、アーレントの分析に欠けたものをあげつらうが、そこにあるもの——それが追求し、明示したかったものもの——を伝えるものではないと考えられる。ショーレムが使った意味での「ユダヤ人への愛」をアーレントが欠いていることは、アーレント自身が認める通りである[6]。しかしアーレントの分析は、読み手が当然のごとくに予想し、素朴に期待する何かを欠いていると同時に、予期しなかったような意外な何かを備えたものである。このような考えに立ち、次節ではアーレントの思想における美的なるものの概念に注目したい。

2. 美的なるもの

　ライオネル・アベルは、やはり『アイヒマン』を批判した知識人のひとりである。アベルによれば、この書におけるアーレントの記述の真の意図ないし目的は、審美主義 (aestheticism) の擁護にある。「もしある者が誰かの頭に銃を突きつけて、その友人を殺させたとき、銃を突きつけている者は、恐怖から友人を殺しおそらく自らの命さえ救うことのできなかった者よりも、美的に言えば醜くはないだろう」と、アベルは言う (Abel, 1963, 219)。銃を突きつけられて殺人を行った者というのは、この場合、ユダヤ人評議会の指導者であり、銃を突きつけたのがアイヒマンであろう (Abel, 1963, 211-226)。こうして、アーレントの記述において、アイヒマンは「より醜くはない」者として描き出される (Abel, 1963, 223)。

　アベルによれば、アーレントは美的判断を下すことに関心を有していた。ユダヤ人評議会についての彼女の分析は、「根において美的な判断である」(Abel, 1963, 219)。アイヒマンについての判断もまた、「根において美的なものである」(Abel, 1963, 219)。アーレントがアイヒマンを描く時に適用した諸カテゴリーは、「純粋に美的なものであり、道徳的なものではない」のだ (Abel, 1963, 222)。

　ジョージ・ケイテブによると、アーレントは政治現象の本質が美的なカテゴリーによってのみ把握され得ると信じている。善悪や真偽ではなく「偉大さ」や「美しさ」が行為を判断する基準を与えると、彼女は確信している。ケイテブは、次のように主張する。

　　アーレントは、可能な最高のレベルで、政治現象を美的現象に変容させようとしています。彼女の判断力に対する関心は、人々が

政治的判断力と見なすところのものよりむしろ、美的判断力に対する関心です。彼女の美的判断力に対する関心は、政治的現象を美的現象として見ようという彼女のかねてからの願望からきています。アーレントは政治を、美的判断の基準に当てはめようとしています。……私が信じるところでは、アーレントにおける政治の美学化の最も重要な本質は、道徳の従属なのです (Kateb, 2001, 121-122)。

ケイテブは、アーレントが主著『人間の条件』の中で、政治の意味が善悪のカテゴリーによっては捉えられないと書いている箇所を重要視する。そこには、こう記されている。

人間の行動 (behavior) ——ギリシア人が……一方では動機や意図、目的、他方では結果を考慮に入れつつ「道徳的基準」に従って判断したもの——と違って、行為 (action) は偉大さの基準によってのみ判断され得る。というのは、一般的に受入れられたものを打ち破り、異常さ (the extraordinary) ——そこでは通常、日々の生活において真なるものはもはや当てはまらない——に達するのは、行為の本性だからである (Arendt, 1958a, 205 圏点は筆者による)。

他の著作でもアーレントは、政治現象が美的なるものとの親縁性の内に把握されると述べている。「歴史の概念」では、『人間の条件』と同じように、古代ギリシア人が偉大さによって人間の能力を判断したことが記されている (Arendt, 1968a, 66-67)。そして「文化の危機」では、政治的判断と美的判断の親近性が示される (Arendt, 1968a, 214-225)。さらに『カント政治哲学の講義』を含めた判断力論では、彼女は、政治的

判断の現象を理解する材料となるのはイマヌエル・カントの美的判断力についての論考であると主張している (Arendt, 1982)[7]。

ところが『アイヒマン』のエピローグで、彼女は、アイヒマンを陳腐な人間として描くことから一転して、むしろ犯罪者として彼に烙印を押す。アイヒマンの内面や動機ではなく、行為そのものが政治的には問題であると述べて、その罪を問うている。彼女がここで下す政治的判断は、動機の不在から陳腐さへと至った「悪の陳腐さ」のテーゼとは一線を画し、不正な行為の遂行者としてアイヒマンを描くものである。アーレントは、イスラエルの法廷の判事が「十分に勇気があれば」語ったであろう「真実」とは、次のようなものであると見ている。

　ここで我々の関心を惹くのはもっぱら君〔アイヒマン〕のしたことであって、君の内面生活や君の動機は犯罪的な性格を持っていなかったかもしれぬということや、君の周囲の人々の潜在的な犯罪ではない。……君が大量虐殺組織の従順な道具となったのはひとえに君の逆境のためだったと仮定してみよう。その場合にもなお、君が大量虐殺の政策を遂行し、そうして積極的に支持したという事実は変わらない。なぜなら政治とは子供の遊び場ではないからだ。政治において服従と支持は同じものだ。そしてまさに、ユダヤ民族および他のいくつかの国の国民たちと共にこの地球上に生きることを拒む——あたかも君と君の上官がこの世界に誰が住み誰が住んではならないかを決定する権利を持っているかのように——政治を君が支持し実行したからこそ、何人からも、すなわち人類に属する何ものからも、君と共にこの地球上に生きたいと願うことは期待し得ないと我々は思う。これが君が絞首されねばならぬ理由、しかもその唯一の理由である (Arendt, 1965a, 276-277=1969,

214-215)。

　アーレントはアイヒマンの罪を主張し、絞首刑を承認した。アーレントにとって、美的判断が、政治的判断を不要にするものでないことは明白であったといえる。

3.「無関心ではなく、距離を置いて」

　『アイヒマン』の出版の翌年に行われたギュンター・ガウスによる有名なインタビューで、アーレントは、「無関心というのではなく、距離を置いて」眺めることを学んだと告白する (Arendt, 1994, 15; 1996a, 61　圏点は筆者による)。「15年の月日は、無ではありませんよ！」と語る彼女は、戦後に初めてドイツを訪れた1949年とインタビュー当時の1964年の心境を次のように比較する。

　　今は外から見ています。昔のようにのめり込んではおらず、かなり薄らいだ感じです。時間のせいかもしれないです。……遠のいた感じです。無関心というのは言い過ぎですが、距離があります (Arendt, 1994, 15; 1996a, 61)。

　ここにはアーレントの心境の変化が表されている。無関心というのではなく、距離を置いて、ある隔たった地点から眺めること。感情を「介入」させてではなく、脱感覚化して眺める代表=再現前化(レプリゼンテーション)を行おうとする態度が、そこに見て取れる (Arendt, 1994, 16; 1996a, 62)。
　この、「外」にいる観察者としてのアーレントは (Villa, 1999, 105)、しかし笑いに対する感性を保持している。前述したように、アーレント

は戦後15年以上を経て開廷されたアイヒマン裁判で、供述書を読んで笑いを禁じ得なかったという。この観察者にとってアイヒマンは「本当に道化役」だった (Arendt, 1994, 16; 1996a, 62)。インタビューで、アーレントはさらに次のように訴える。

　　私に対して、ひとつの点で気を悪くする人がいますが、それはある程度理解できます。つまり、私がそのような出来事を扱いながらも、なおも笑えるということについてです。しかし、私は本当にアイヒマンのことを道化役のようだと思いました。……こういう反応のことで、私に対して、人は感情を害するのです。それに対しては何もできません (Arendt, 1994, 16; 1996a, 62)。

　アーレントの笑いや皮肉に不快感を覚える人がいることについては「どうしようもない」。もし反対する人がいることを前もって知っていたとしても、自分は「全く同じことをしたろう」と、アーレントはカール・ヤスパースに告白している (Arendt und Jaspers, 1985, 547=1992, 511)。そのヤスパースの言葉を借りて言うと、「全く自分自身」であり続ける彼女は、敵意や非難といったこの笑いの帰結を、「喜んで」引き受ける (Jaspers, 1969, 120=2006, 307; Arendt, 1994, 16; 1996a, 62)。アーレントの言葉を、さらに見てみよう。

　　私の語り口は、もちろん、皮肉っぽいものです。まったくおっしゃるとおりです。この場合、しかし語り口は人そのものです。私がユダヤ民族を告発しているかのようにいう非難なら、悪意のある偽りのプロパガンダ以外の何物でもありませんが、語り口に対する異論は、私という人に対する抗議である以上、どうしようもあ

りません (Arendt, 1994, 16; 1996a, 62 圏点は筆者による)。

　アーレントは、語り口への攻撃は、その人自身への攻撃に等しいと考える。そして語り口は、人に関わる現象であるという、まさにそのことゆえに、彼女は自らの語り口について釈明することを拒み、その結果を引き受けようとするのである。
　アーレントによれば、美的に観察する人は世界の意味を多様化し、こうして世界を人間化する(ヒューマナイズ) (Arendt, 1968a; 1968b; 1982)。彼女は、確かに世界の意味のみならず、ユダヤ民族のパースペクティブを多様化しようとした (小山, 2009b)。ヤスパースが言うように、多くの人にとっては受け入れがたい仕方でではあったが (Arendt und Jaspers, 1985, 561, 564-565=1992, 525, 528-529)。ヤスパースはアーレントを慰めて、ユダヤ人がイスラエルの地に彼女の記念碑を建てる日がいつかやってくるだろうと語った (Arendt und Jaspers, 1985, 563=1992, 527)[8]。ヤスパースは書く。

> そして彼ら〔ユダヤ民族〕はあなたを一員として自慢げに受け入れるでしょう。中にはあなたを拒むユダヤ人もあり続けるでしょうが。それでもこうしたユダヤ人は決して「ユダヤ人」そのものではないのです。もし今あなたに公に賛同しようという勇気あるユダヤ人が、ただの一人もいなかったとしてもです (Arendt und Jaspers, 1985, 563=1992, 527)。

　エリザベス・ヤング・ブルーエルによれば、アーレントはじかにアイヒマンを見たその日から、積極的に困難な判断を下そうとしていった (Young-Bruehl, 1982, 328-378; Villa, 1999, 105-106)。そしてそれらの判断が自分のものであり、他人に帰せられるものではないことを明言し

た。アーレントとラウル・ヒルバーク、ブルーノ・ベッテルハイムの3人の作品に対し、ドイツのユダヤ人評議会が「宣戦布告」をする予定であるとジークフリード・モーゼが告げた際、アーレントは自身の『アイヒマン』だけを攻撃すべきであると答えた (Young-Bruehl, 1982, 347-348)。観察者精神(spectatorship)とは、ひとつのコミットメントであること、一歩下がって眺めやる観想の道は、決してその奉じる判断の弱さあるいは脆さを意味するわけではないことを、彼女の例は語ってくれる。

もっともアーレントの美的なる語り口には、賛同者がまったくいないわけでもなかった (Arendt and McCarthy, 1995, 144-149, 151-160, 162; McCarth, 1970, 54-71)。ヤスパースは、アーレントの「この語り口が好きだ」と述べていた。アーレントは、アイヒマンの供述書を読んで笑ったというが、ヤスパースによれば、笑いと皮肉は「並外れた厳粛さ」の中にこそ見いだしうる。偉大な喜劇作家だけが優れた悲劇作家となることができるというプラトンの言葉は、アーレントとのケースと繋がりを持っているかもしれないとヤスパースは語る (Jaspers, 1969, 121=2006, 307)。この関連で言えば、アーレント自身、ゴットホルト・レッシングについてのエッセイの中で、「世界を怒りと笑いにおいて経験」することの重要性について語っていたことが思い返される (Arendt, 1968a, 7 圏点は筆者による)。

ユダヤ人サークルによるアーレントへの攻撃が始まっていた1963年7月23日、あるラビから大学での講演に招かれたアーレントは、定員300名のホールに詰めかけた500人程の聴衆から、拍手喝采を受けた (Arendt und Jaspers, 1985, 552, 808=1992, 516, 772)。ユダヤ人学生からなる聴衆は、真摯な質問によって、アーレントに対する深い尊敬の念を表したという。この話を聞いて喜んだヤスパースは、アーレントが「最高のユダヤ人」に違いないと褒め称えた (Arendt und Jaspers, 1985, 554=1992,

518)。

4. 根源性と陳腐さ

『全体主義の起原』(以下、『起原』と略) においてアーレントは、ナチスの行った悪を「根源悪 (radical evil)」と呼び、その特徴を「人間を人間として無用にすること」とした。アーレントによれば、このような悪が最も鮮鋭に姿を現したのはナチス・ドイツと、スターリン下のロシアの全体主義においてであった (Arendt, 1973, 459)。

> 根源的な悪が、その中ではすべての人間が等しく無用になるようなひとつのシステムに関連して現れてくるということだけは、認識できるように思われる。このシステムを操る者は、他のすべての人間と同様に自分自身も無用であることを信じているし、また全体主義の殺人者がいっそう危険であるのは、自分が生きていようが死んでいようが、この世に生れてこようがこまいが構わないと彼らが思っているからである。死体製造工場と、忘却の穴の危険とは、人口と故郷喪失とが至るところで殖えていくこの時代において、多数の人間が、我々が世界を功利主義的に考え続ける限りは、絶えず無用とされているということにある。政治的・社会的・経済的出来事は、至るところで、人間を無用なものとするために考案された全体主義的装置と沈黙に共謀しているのだ (Arendt, 1973, 459)。

彼女に名声をもたらし、左右の全体主義の批判者としての評判を与えた『起原』で、彼女はこうして全体主義の悪を告発する[9]。

根源的な悪あるいは根源悪についての主張は、『アイヒマン』での観察者——インタビューでの言葉を用いて言うなら、内から直接見るのではなく、関心は保持しつつも遙かに度合いが薄らいだ仕方で、距離あるいは間隔を取って、悲劇の双子である笑いを交えながら眺めていた観察者——には、なし得ない主張なのだろうか (Jaspers, 1969, 120-121=2006, 306-307)。根源悪の主張と陳腐さの主張とは、両立不可能なのだろうか。

次に、この問題について見ていこう。ショーレムへの公開書簡において、アーレントは根源悪から悪の陳腐さへと考えを変えたと述べている。

> 私は考えを変え、もはや「根源悪」については語っていません。……現在の私の意見というのは、悪は決して「根源的」ではなく、極端なだけで、深遠さも悪魔的な次元も備えていないというものです。それは表面を覆う菌のように広がるがゆえに、全世界にはびこり、それを荒廃させるのです。それは、私が言ったように、「思考を拒む」ものです。というのは、思考は深遠に達し、根源に遡ろうとしますが、それが悪と出会った時、それは挫折するのです——そこに何もないが故に。それが悪の「陳腐さ」です。善だけが深みを持ち、根源的であり得るのです (Arendt vnd Scholem, 1963=1997, 76-77; Arendt, 1978a, 250-251)。

死後に刊行された『精神の生活』では、彼女は次のような主張をしている。

> 行為は怪物的でしたが、行為者は——（少なくともアイヒマンは）

──全く普通で、平凡で、悪魔的でも怪物的でもありませんでした。彼の中には、強固なイデオロギー的信条も、特に悪い動機の兆しもなく、彼の過去の行動の中に探知できる唯一の顕著な特徴といえば……完全に消極的な何かです。それは愚かさではなく、無思考性です (Arendt, 1978b, I, 4 圏点は筆者による)。

　『アイヒマン』と『精神の生活』は、悪魔性の否定と、陳腐さの指摘という点では連続している。
　根源悪テーゼから陳腐さテーゼにかけて、本質的な立場の変容があったのか、そして両者は両立不可能であるのかということは、実は微妙な問題である。確かにアーレントは、根源悪から悪の陳腐さ、『起原』から『アイヒマン』に至る変化を自己申告する。しかし、マーギュリテ・ラ・カズが指摘するように、陳腐さの主張を、根源悪テーゼを補完するものと取ることもできる (La Caze, 2006)。なぜならアーレントの根源悪テーゼは、自身がインタビューで語った当の内容とは異なり、悪魔性をほのめかすものではなく、むしろそれを否定し、さらには後の陳腐さのテーゼを先取りすらしたものと解釈できるからである。アーレントは、ナチスの全体主義が行った悪を、悪魔性との関連において捉えたことなど、実はなかった (Bernstein, 1996a; Mommsen, 1991, 260)[10]。このことを見るために、まずヤスパースからアーレントに宛てた次の手紙を見て頂きたい。

　　あなたはナチスがしたことは、「犯罪」としては捉えられないと言います。このあなたの意見にはあまり賛成ができません。なぜならあらゆる犯罪的な罪を超えた罪は、「偉大さ」──悪魔的な偉大さ──の様相を呈するようになるからです。これは私にとっ

ては、ヒットラーの「悪魔的」な要素などというあらゆる戯言と同じくらいに私の感情からかけ離れたものです。私たちは、これらの事柄を、実際そうであったように、その完全なる陳腐さ、その平凡なくだらなさにおいて捉えなければならないと、私には思えます。細菌は諸民族の死滅を招く疫病をもたらすことがあるとしても、それでも単なる細菌です。神話や伝説の暗示を、私は恐ろしいものとみなします。詳細さを欠いたあらゆるものが、こうした暗示なのです。……ここには観念も本質もありません。それは心理学と社会学の主題、精神病理学と法学のみが扱う主題なのです (Arendt und Jaspers, 1985, 98-99=1992, 62 圏点は筆者による)。

　この手紙が出されたのは、アイヒマン裁判のかなり前、実に『起原』の初版の出版に先立つ1946年である[11]。アーレントはこの手紙に答えて、同年、ヤスパースと同じように、彼女もまた、「悪魔的偉大さ」の観念を「完全に拒否」すると書く (Arendt und Jaspers, 1985, 106=1992, 69)。「私たちは、恐ろしきものを神話化しようとするあらゆる試みに抗しなければなりません」(Arendt und Jaspers, 1985, 106=1992, 69)。公開書簡での発言とは裏腹に、アーレントは、悪魔性としての根源悪というテーゼを支持したことはなく、当然、それを破棄することもなかった。むしろ、ナチスの全体主義の悪を糾弾するその語勢の上に重なり、それを補強するようにして、恐ろしくも陳腐であるというテーゼが現れ、熟成されていったといえる。
　もちろんこのことは、アーレントが公刊された著作において、陳腐さという語を用い始めたということや、それを自身の考えの変化として明言したということを変えるものではない。より重要な問いとは、彼女が示すようになったこの美的判断や、美醜の言語を駆使する観察

法を、不謹慎で、不真面目であるとして、退けることができるのかということである。この問いに対し、少なくとも、本書で見ようとするようなアーレントの観察の思想の立場に立つならば、否と答えられよう。悪の防止は、不謹慎さの防止に優越する。もしも美的なる観察や美的判断が、将来、再び悪がなされることを未然に防ぐのに一役買うかもしれないならば——そしてアーレントはそう信じているようである (Arendt, 1971; 1978b, I; 2003; 小山, 2013) ——それらは許容されるべきである。アーレントは『アイヒマン』の「後書き」で、判断を下すことから逃れようとすることこそが、行政的殺人を例とする現代的な悪を可能にしたと主張していた (Arendt, 1965a, 294-295)。今日では「誰も他人を判断する権利など持っていない」とまことしやかに囁かれ、そしてこの判断こそが唯一の確かな判断であるなどと口にされる。しかし、現代社会の「根本的問題」は、むしろ人が判断の行使を回避しようとしていることにあるのだ (Arendt, 1965a, 294-296; 2003, 60; Arendt and McCarthy, 1995, 160-161)。アーレントによれば、最優先になされるべきことは、悪の阻止である。我々は何よりもまず、民族虐殺のような行為が犯されるのを防ぐことに、全力をあげなければならない[12]。

〔注〕

1　この引用文は、1957年8月29日にカール・ヤスパースに宛てた手紙からのものである。この引用文の後は、以下のように続けられている。「不当な判断であったとしても、偽りのアレクサンダー詩格風の見せかけの畏敬に比べたら、すばらしく爽快です」(Arendt und Jaspers, 1985, 355=1992, 318)。

2　この論争については、さらに Ring, 1997; Bernstein, 1996b, 148-149; Barnouw, 1990; Bilsky, 2004; Mommsen, 1991 を参照して頂きたい。また、アーレントとヤスパースの往復書簡、『アイヒマン』英語版へのアモス・エロ

ンのイントロダクションも参考になる（Arendt und Jaspers, 1985=1992; Elon, 2006）。
3 審美主義ないしは美学主義（aestheticism）というのは、ジョージ・ケイテブが言うように、あらゆる現象や事象を美的なものとして見なす傾向ないしは態度を意味する。「審美主義という言葉によって、私は第1に、感覚や精神に現れる事柄において美（そして崇高）を模索、あるいは探求する性向を意味する。そして第2に、本質的に非美的な現象を、多かれ少なかれ美的な現象と見なし、そうしてこれらの非美的な現象を、我々が美的な現象を正当化するように、つまりそれに帰された美（と崇高）によって、正当化しようとする性向のことを意味している」（Kateb, 1999, 1010）。この意味における審美主義は、ケイテブによると、道徳と緊張関係にある。道徳は、行為の美醜ではなく、善悪を問うものである。このテーマについて議論したものとして、他に、Wolin, 1986; 2001; Kateb, 2000; 2001 を参照して欲しい。
4 アイヒマン裁判についてはRogat, 1961; Bilsky, 2004も参照して頂きたい。
5 また、Honig, 1992, 228-229; 1995, 151-152=2001, 217 を参照されたい。
6 アーレントは、ショーレムへの応答において、「ユダヤ人の愛」が彼女の中に見られないというショーレムの指摘は「全く正しい」としている。その理由として第1に、愛は常に個人的なものであり集団や民族に向けられるものではないこと、そして第2に、自分自身がその「一部」であるところのもの、すなわちユダヤ民族を愛することはできないことをあげている（Arendt und Scholem, 1963=1997, 72; Arendt, 1978a, 246-247）。
7 ジョージ・マッキナはアーレントにおける・意・味・性あるいは・意・味という概念も美的なカテゴリーとして理解している（McKenna, 1984, 344）。こうした概念は、同時代の社会科学を席巻していた行動主義やマルクス主義に対するアンチテーゼとしても読まれることがある。アーレントと同時代の社会科学との関係について、Hugh, 1975; Jay, 1986; Heather and Stolz, 1979; Habermas, 1976=1977=1986; Habermas, 1980=1986 を参照されたい。
8 「アラブ・ユダヤの国家」と、キブツについてのアーレントの見解については、小山, 2009bを参照のこと。また、ヤスパースとのやりとりについては、『アイヒマン』へのアモス・エロンのイントロダクションも参照されたい（Elon, 2006）。

アーレントの笑いには、2つの面があったようにも見える。1つは、アイヒマン自身についてである。もう1つは、法廷についてである。アーレントは、アイヒマン裁判を、半ば失敗した見せ物裁判 (show trial)、滑稽な劇と見なしており、特にその「見えざる舞台監督」であるダヴィッド・ベン・グリオンの意図が、どのように裏切られることになったかを、それ自体、劇風のタッチで描いている。『アイヒマン』の特に第1章を参照されたい（Arendt, 1965a, 3-20）。

9 『起原』が書かれた経緯と、それぞれの版の違いについて、例えばCanovan, 1992; Tsao, 2002b; 森川, 2008を参照。

版の違いは、アーレントの全体主義の「概念」の微妙な変化を反映している。全体主義とは、構成員の「抵抗」が不可能であるような、岩盤のように強固な体制であったのか、それとも、亀裂を生じさせるような「隙間」を持ったものだったのか。これは、ユダヤ人評議会が「別様に行動」し、それによって「犠牲者の数を減らす」ことができたのかという、『アイヒマン』でのコアな問題群のひとつとも絡んでいる。本書第四章の注9も参照していただきたい。アーレントの主張が刺激的と見なされたのは、まさに「風穴は開けられた」、「一枚岩」にひびを入れることは可能であったと言っているかのように読まれたためである。「ユダヤ人評議会の指導者は、別な選択をし、それによって趨勢を変えることができたはずだ。例えば、真実を告げること。『地下に潜る』ように勧めること」。こうした含意を持つものとして、アーレントの主張は、ユダヤ人評議会の指導者の責任を追及するものと見なされた（Abel, 1963; Elon, 2006）。これについて、カール・ドイッチュの論考と、アーレントのコメントも参照していただきたい（Friedrich, ed., 1954, 308-341）。

10 これについては、第5章も参照していただきたい。根源悪を、人格 (person) の根絶を行うものとして捉えた場合、この捉え方は『起原』にも、「道徳哲学の諸問題」にもある。「道徳哲学の諸問題」で、アーレントは、偉大なる悪は、根源的(ラディカル)ではないと書いているが、そうした、根源的(ラディカル)ではない悪の特質として描かれるのは、むしろ根源的(ラディカル)である悪（要するに根源悪）の特質として描かれるものと類似している。つまり人格の破壊や、人間性の否定である（Arendt, 2003, 95, 111）。

11 ロッテ・ケラーとハンス・ザーナーは、ヤスパースのこの言葉が『ア

イヒマン』の題に影響を与えたかもしれないと記している（Arendt und Jaspers, 1985, 736=1992, 702）。

12 アーレントが「大惨事」を防ぐ「思考の風」あるいは判断と呼んだものには、善悪の判断だけでなく、美醜の判断も含まれていたことを指摘しておきたい（Arendt, 1971, 445-446; 1978b, I, 192-193）。

　ところでアーレントは、反省的判断力こそが、ニヒリズムに特徴づけられる現代においても、判断することを可能にすると考えた（Arendt, 2003, 21-22=2007, 15-16; 金, 2008, 206-207）。反省的判断力は、概念を所与とせずに対象を判断する能力、あるいは普遍の下に特殊を包摂するのではなく、与えられた特殊に対し普遍が探し求められなければならない時に行使される判断力である。反省的判断の力において、天才とそうでない人との間に違いはないと、アーレントは述べていた（Arendt, 1982, 58-68）。しかしながら、この主張は、アイヒマンが判断と思考の能力を欠いていたというアーレントの主張と緊張関係にあるといえる（Arendt, 1965a, 49, 287-289; 1978b, I, 4）。

　判断力を論じた「文化の危機」では、次のように書かれている。

　　ギリシア人が知恵あるいは洞察（*phronēsis*）と呼んだ……この判断による洞察と、思弁的な思考との違いは、次の点にある。判断による洞察は、我々が通常、常識（common sense）と呼ぶものに基礎を置いている。これに対し、思弁的な思考は、これを超越しようとする。常識――フランス人はこれを実に巧みにも「良識（*le bon sens*）」と呼んだ――は、共通世界としての世界の性質を我々に示してくれる。常識によってこそ、我々の厳密に私的で「主観的」な五感とその感覚的なデータは、我々が共同で他者と共有する非主観的な「客観的」世界と調整されるのである（Arendt, 1968a, 221-222）。

『精神の生活』では、五感を統合する第六感として、共通感覚が位置づけられる。以下に、該当する箇所を記したい。

　　トーマス・アキナス以来、我々が常識、共通感覚と呼ぶものは、ある種の第六感である。それは、私の五つの感覚をまとめ、私が見、触り、

味わい、臭いを嗅ぎ、そして聞くものが同じ対象物であることを確認するために必要なのである。それは、「あらゆる五感の対象物に及ぶただひとつの能力」である。この神秘的な「第六感」によって、私の厳密には私的な五つの感覚は、他者によって共有された共通社会へと融和されるのである。私にはそのように見えるという〔言明の〕主観性は、その現れの形は異なるとしても、同じ物が、他者にもまた現れているという事実によって、改善されることになる (Arendt, 1978b, I, 50)。

さらに『カント政治哲学の講義』では、共通感覚 (*sensus communis*) が、すべての人がその判断において「訴える」ものであり、この訴えによってこそ、判断は「特殊な妥当性」を得ると記されている。『カント政治哲学の講義』ではさらに、共同体の感覚 (community sense) という語が用いられる。「人は、共同体の感覚に訴える。換言すれば、人が判断する時、人は共同体の成員として判断するのである」(Arendt, 1982, 72)。

イマヌエル・カントの『判断力批判』の第40節、「共通感覚の一種としての趣味」では、共通感覚は、他者の立場に身を置く思考法として捉えられている。カントは、次のように述べる。

共通感覚 (*sensus communis*) によって、我々は共同の (*gemeinschaftlich*) 感覚という理念を理解しなければならない。つまり、その反省において他のすべての人の表象の方法を、思考の中で (アプリオリに) 考慮する判断力という理念である……。これは、自身の判断を他者の判断——実際の判断というよりは、可能な判断——とを比較し、我々自身を他者の立場に置き、我々の判断に偶然的につきまとう制限から自由になることによって、行われる……。ここで我々が問題にしているのは、認識の能力ではなく、合目的的に使用される思考法 (*Denkungsart*) である。ある人の自然の才能が至る範囲や程度がいかに小さくとも、もし彼が自身の判断の主観的で私的な条件を無視して、彼自身の判断について一般的な立場 (*allgemeinen Standpunkte*) (それは他者の立場に身を置くことによってのみ可能になる) から反省を加えるなら、その人は拡大された思考法を示している (Kant, 1962, 293-295=2000, 136-137=1964, 232-235)。

ここでもまた、反省的判断力の問題が浮上する。アイヒマンは、共通感覚を欠いていたのか。アイヒマンは第三帝国の共通感覚に訴え、その成員の立場に立って物を考え、そうして自らの行いを正しいものとみなすようになったとは言えないのか（McKenna, 1984, 347-348）。アイヒマン裁判との関連でアーレントの判断力の問題を論じた研究として、Sharpe, 1999; Bilsky, 2001b; 2004 がある。アイヒマンは、少なくとも規定的判断力は有していたと、レオラ・ビルスキーは述べている（Bilsky, 2001b, 267）。

第2章　徹底的な民主主義の種火
―― 建国と自由の狭間で

1. はじめに ―― 思想と「矛盾」

　偉大な思想家の思想というのは、明晰で貫徹した論理に裏打ちされた世界像を呈示していると思われているかもしれないが、実のところその中身は驚くほど複雑で、矛盾と思われるものすらも内包している場合がある。ジャン・ジャック・ルソーやフリードリヒ・ニーチェの思想が例であると、筆者は考えることがある。アーレントについて言えば、彼女の思想が多種な主題を取り扱っているというだけではない。ひとつの主題について、彼女のテクストは一見相反するかのような、複数の見解を提示しているように見えることがある。アーレントは、これを自覚していることもある。彼女はある意味、自らの思想が変化することを認める書き手であった。例えば、よく指摘されるように、悪についての彼女の主張には変化が見られる。彼女は『全体主義の起原』(1951)では悪を「根源悪」としていたにもかかわらず、『イェルサレムのアイヒマン ―― 悪の陳腐さについての報告』(1963)ではそれを「陳腐さ」と結びつける。彼女はこの違いについて、ゲルショーム・ショーレムとの公開書簡の中で「私は考えを変えました」と述べている (Arendt und Scholem, 1963; Arendt, 1978a, 250-251)[1]。

　アーレントは、おそらくその矛盾や緊張関係を示すテクストによって読み手を悩ませる思想家に入るかもしれない (Canovan, 1978; Sitton, 1994;

Benhabib, 1996b)。いくつもの重要な主題について、アーレントの議論は、不整合を示している。例えば「社会問題」についての議論がそうである。社会問題は、自由な政治の空間を破壊すると断言しつつも、場合によってはそうともいえないと言を翻し、かと思うと、社会問題をどこまで無視あるいは軽視したかで政治的行為の成否が決まると述べて、労働運動の政治性を絶賛する (Arendt, 1958a, 215-219)[2]。また、行為の概念をめぐっては有名な「アゴニスティック」と「アソシエイティブ」という2つの解釈の方向性を生むテクストが、1冊の書の中に入り交じる[3]。これによると一方で、我々は競争的で闘技的な、「自己」を最高の準拠枠とする行為モデルに魅了されるアーレントを発見することができる。それは、ニーチェ的な英雄主義や、悲劇的な個人主義を理想視する、マスキュリンなアーレントでもある。かと思うと我々は、公共的志向を持った、コミュニケイティブな行為を探求するアーレントを発見することができる[4]。このアーレントによると、共通の言語と共通の行為によって立つ複数者の空間こそが、政治の名にふさわしい。そこに浮上するのは、英雄不在の日常的な時空間に飽くなき関心を寄せ、異質なる人間が共同なるものを創建してゆく可能性に傾倒するアーレントなのである。しかしどうしたら、人は競争しながら協力することができるのだろう (Euben, 2000, 156)。この素朴な疑問への答えは、アーレントのテクストから容易には引き出せない。

　アーレント自身は、他の思想家の矛盾に対しある意味、寛大だったので、ひょっとしたら自身の「矛盾」についても寛大だったのだろうか。アーレントは、ゴットホルト・レッシングが無矛盾の原理、すなわち一貫性の要求を犠牲にしようとしたことを、彼の優れた点として報告している。アーレントは、次のように書いている。「『我の観念は、いつもどこか分裂していたり、互いに矛盾していたりするようにすら

見えるかもしれない……』。彼は、誰に強制されることも望まなかったばかりか、誰をも力や証拠によって強制することを望みませんでした」(Arendt, 1968b, 8=1986, 17)。実際、彼女は、思想家の作品における「根本的で甚だしい諸矛盾」は二流の物書きには生じることがないと述べて、「矛盾」を内包した思想家として、カール・マルクスやトマス・ジェファーソンに対し賛辞を惜しまない。例えばマルクスの思想を、「一本の赤い糸のように貫いている基本的な矛盾」は、「自分の目に現れた諸現象を、忠実かつ誠実に叙述するマルクス」ならではの不一致なのであるとして彼を持ち上げている。アーレントによれば、この「矛盾」は、大胆にもマルクスの思想の中核部分を貫いており、それによって彼の思想は、その中核の部分において多義的なものにとどまるという。中核の部分とは、労働の概念である(Arendt, 1958a, 104-105)。労働は、「自然により課せられた永遠の必要」でありながら、同時に、革命によってそれ自身から解放されるべき活動力である。マルクスは、人間を「労働する動物」すなわち必然性の一部として理解しながら、革命が、人間を自由の主体にすると考えている。アーレントは述べる。

　このような甚だしい基本的な矛盾は、二流の著作家の場合に生じることはほとんどなく、偉大な著作家の作品においてこそ、その核心部分に食い込んでいる。自分の目に現れた諸現象を、忠実かつ誠実に叙述するマルクスなればこそ、彼の作品を貫く重大な不一致(discrepancies)は、研究者が例外なく認めているような、その「歴史家としての科学的観点と、予言者としての道徳的観点との間の違い」に帰されることはできない。肯定あるいは善を引き出すためには、否定あるいは悪が必要だという弁証法の運動のせいにすることもできない。マルクスは、どの時代の作品でも、人間を「労

働する動物」と定義づけておきながら、その最も人間的で最大の力をもはや必要としない社会へと人間を導いているという事実が残るのである (Arendt, 1958a, 105)。

　こうしてアーレントは、マルクスの「矛盾」を、彼の「現象」に対する「忠実さ」と関係づけている。
　ウラジーミル・レーニンも、アーレントによれば、知的誠実さに端を発するこの種の「矛盾」の表現者であった。「すべての権力をソビエトへ」というスローガンがそれを物語る。ソビエトすなわち評議会は、自由の空間として、あらゆる革命的党派に反し、自らを革命の一時的な機関と見なすどころか、反対に自己を「統治の永久的な機関として確立」することを目指す、政治的なるものの真髄であった (Arendt, 1965b, 264-265)。それは古い国家概念を薙ぎ倒し、「新しい統治形態」を自然発生的にもたらす自由の政治そのものである。しかし、その実現は、ボリシェビキ党の革命目標と「甚だしく矛盾」する。というのもボリシェビキ党においては、「権力の奪取」すなわち既存の国家機構の党機構による置換えが目論まれており、ソビエトの構成員が熱狂と共に発見した政治的なるものの実現や自由の政治の君臨など問題外であったからである (Arendt, 1965b, 256-266)。こうしてレーニンの思想及び革命家としての実践は、矛盾を表白するものになる。ソビエトがその魅力を現実に見せつけた国家の根源的変容への「希望」と、「国民国家の伝統にしっかりと根を下ろしていた」革命理論との矛盾である[5]。
　アーレントにとって、アメリカ合衆国の建国の父のひとりであるジェファーソンも、政治現象への深い洞察を行った人ならばおよそ抱えずにはいられないような、矛盾と葛藤とを内に負った思想家であった (Arendt, 1965b, 192-193, 256)。ジェファーソンが起草した独立宣言の前

文に登場する、「我々は、これらの真理を自明のものとみなす」で始まる文章は、厳密に考えるとおかしなものであることに、アーレントは注目する。この文章では、絶対的な真理についての言説——自然法についての絶対主義的な言明——と、有限なる存在者としての人間が奉じる意見によって構成される政治空間という相対主義的なビジョンとが、ちぐはぐに組み合わされているからである。論理的な一貫性を重視するならば、こう書けばよかったのかもしれない。これらの真理は、「不可抗的な強制力」を持っており、我々によって真なるものとされたり、あるいはされなかったりするような事柄ではないと。つまり、これらの真理は「2＋2＝4」と同じように、強制的な真理であると。ところが、ジェファーソンは、「万人は平等につくられている」という命題が、決して数学的真理のような自明性を有していないこと、あるいはそれが切実に同意を必要としていることを、認めないわけにはいかなかった (Arendt, 1965b, 192)。そこで彼は、自身が起草したアメリカ独立宣言においてある矛盾に満ちた折衷を試みたのである (Arendt, 1965b, 192)[6]。それが、「我々は、これらの真理を自明のものとみなす」以下に示された部分なのである。

思想界では、難解で矛盾に満ちたテクストほど読み手の関心を引きつけ、後世長きにわたり議論されるというところがある。ルソーやニーチェの思想がそうであろう。二つのニーチェ像について語ることは、ニーチェの思想それ自体について語ることであると筆者は感じている[7]。

2. ギリシアモデルと革命モデル

アーレントの政治思想の核心をなす概念と言えば、行為、自由、悪、そして始まりをあげることができる。このうち行為と、社会問題の排

除としての自由、そして悪については、既に触れた。ここでは、始まりの概念を取り上げたい。始まり(ビギニング)は、読者をして彼女を「始まりの理論家」と言わせるほどに、彼女の思想の中で深い印象を残す概念といえる (Canovan, 1998, vii)。アーレントは、始まりと自由とを、ほぼ同義と捉え (Arendt, 1968a, 146-156, 167)、その実現が、革命による政治体の創設をもたらすと考えた。人が、共同で行為して自らを組織し、そのルールを共に定める時、人に固有な能力としての自由と始まりとが実現されるのである。ところが彼女は、過去の継承や、伝統への服従における自由も認める。既存の法秩序への服従は、「世界という偉大なゲーム」への参加条件であるとさえ、彼女は言っている (Arendt, 1972, 193-194)。また権威の現象とは、「人々が自由を保持しながら行う服従」を意味する (Arendt, 1968a, 106)。ここから、彼女は、果たして本当に始まりと、そして新しさの思想家なのか、それとも伝統と保守の思想家なのかという問いがいやがおうにも浮上してくる (Heller, 2001)。

彼女のテクストを、まず見てみたい。『人間の条件』によると、行為(アクション)することは、「最も一般的な意味」において、「イニシアチブをとること、始めること、何かを運動へと解放すること」と規定される (Arendt, 1958a, 177)。そして行為の本質である「始めること」とは、「以前に起きた事からは予想できない、何か新しいこと」を発生させることにある (Arendt, 1958a, 177-178)。新しさ、そして過去との断絶。この世界には、実際に何か新しいものが出現するのだということを、行為は世界に向けて証明する。

彼女は新しさとしての始まりを、さらに出生についての聖アウグスティヌスの観念に遡って考察する (Arendt, 1958a; 1968a; 1978b; 1994)。これによると、人が生まれること自体が、ひとつの始まりである。より正確に言えば、何かが始まるために、人は生まれるのである (Arendt,

1968a, 167)。出生は、始まりを指向している。新しい始まりとしての出生は、「起源が、決して完全に過去のものとはなり得ないという仕方で、人間のオリジナルな性格を確約する」と、アーレントは書いている (Arendt, 1994, 321 圏点はアーレントによる)。これらの主張は、活動的で能動的な市民生活との関連では、いったい何を告げるのだろうか。

　アーレントは、二つのヒントを与えてくれる。ひとつは、アーレント研究者がかねがね、ギリシアモデルと呼んできたものである。古代ギリシアのポリスで行われたような、直接民主主義的な政治を、始まりの典型的な例とするモデルである。そのほとんどが灰色の代表制民主主義しか経験したことのない我々にとって違和感があるかもしれないが、アーレントは、直接民主主義のもとでの政治は、まさに新しさの、始まりの連続であったと見ている[8]。ポリスの最高の目的とは、驚嘆に値する、思いもよらないような出来事を、日常生活の一光景にしてしまうことにあった (Arendt, 1958a, 197)。ポリスの行為は、

> 通常受け入れられているものの領域を打ち破って、異常なるものの領域へと達する。そこでは、あらゆるものがユニークでただ1つのものであるため、通常の、日常的な生において当てはまることは、もはや当てはまらないのである。……政治の技は、どのようにして、デモクリトスのいうところの偉大で輝けるものをもたらすかの術を、人に教える。ポリスが人を尋常ならざるものの敢行へと奮い立たせている限り、あらゆるものは安全であるが、ポリスが失われれば、すべては消え失せる (Arendt, 1958a, 205-206)。

　アーレントは、ポリスの政治を、「闘争的精神 (agonal spirit)」において捉える (Benhabib, 1996b; Pitkin, 1994)。ポリスの市民は、自らの卓越を

賭けて、互いに激しく争った。しかしこの争いの結果、ポリスは対立や敵意で満たされることになった。絶えず最良の者であろうとする熾烈な欲求は、ポリス間の同盟を困難にしただけでなく、ポリスの国内社会を「嫉妬と憎悪」で毒したのである (Arendt, 1990, 82)。こうしてポリスは崩壊する。アーレントは、ポリスの政治を溢れんばかりに羨慕していたかのように言われるが、生前に出版されることのなかったテクストの中では、ポリスの限界を指摘し、古代ローマ人の才覚に驚嘆していることは見逃せない (Arendt, 1990, 82; 1993, 102-123)[9]。

　もうひとつの始まりの例は、革命である。革命は、共同の行為によって「時代の新秩序」をもたらす行為である。内戦や反乱、クーデターと異なり、革命が世界に挿入するのはまったく新しい秩序、それまで語られることも知られることもなかった、未知なる自由の政治体である (Arendt, 1965b, 21)。この言い方には、少々補足が必要であろう。自由の秩序は、古代ギリシアや古代ローマでも知られていた。これに対し近代特有の現象としての革命あるいは革命的創設 (revolutionary founding) は、新しい秩序を絶対的に新しい何かとしてもたらしながら、自由を構成するのだと、彼女は当事者たちの理解を交えながら語る (Arendt, 1965b, 218, 255=1995, 355, 407)。革命は、歴史上未曾有の出来事として、圧倒的な力で迫り来る自由の奔流である。ここでアーレントの『革命について』から、以下の文を引きたい。

> 近代の革命を理解する上で決定的なのは、自由の観念と新しい始まりの経験とが同時的であることである。……歴史には、アルキビアデスのように自分自身のために権力を欲した人々や、カティリナのように新しい事を熱望した人々が絶えず現れてきたが、ここ数世紀の革命的精神、すなわち自由が住むことのできる新しい

家を解放し、そして建てたいという熱望は、それまでの歴史にはなかったことであり、比類のないものである (Arendt, 1965b, 29-35)。

このような意味での革命の最も良い例は、アーレントにとって、アメリカ革命なのである。アメリカ革命には、始まり、新しさ、自発性が揃っている。アメリカ革命においてこそ、「自覚的な行為」としての革命が遂行され、そして「まったく新しい物語の始まり」がなされ、「まったく新しい歴史が展開しようとしているという観念」が芽生えたのであった (Arendt, 1965b, 28, 31, 216=1995, 38, 42, 353)。さらにアメリカ革命においてのみ——すなわちフランス革命においてではない——革命は、社会問題という不自由をもたらすことなく、自由を維持した[10]。「新しさのパトス」が存在し、抑圧からの解放が「自由の構成」へと向かうことができた時にだけ革命が現出すると、アーレントは書いている (Arendt, 1965b, 34-35)。

革命は、直接的かつ必然的に我々を始まりの問題に直面させる唯一の政治的事件である。……現代の革命はローマ史の事物の変化やギリシアの都市国家を混乱させた内紛すなわち党派闘争と共通するところはほとんどない。……確かに古代も政治的変動やそれに伴う暴力には十分馴れていた。しかし古代人にとっては、変動や暴力が何かまったく新しいものをもたらすとは考えられていなかったのである (Arendt, 1965b, 21)。

彼女のテクストは、始まりを讃え、そのギリシアモデルと革命モデルとを同時に志向するように見える。アーレントの古代ギリシアびいきは顕著なものである。しかし革命も、それに劣らずに彼女の始

まりへの熱狂を我々に伝えるのに十分である。アーレントの革命論は、ジャック・デリダの「権威の神話的基礎」や、ジャン・フランソワ・リオタールの「正統化の無限遡及」のアイディアを、よりポジティブに言い換えたものとして、ポストモダンの革命論に、支柱を与えた (Derrida, 2002; Lyotard, 1987; Benhabib, 1994a)。暴力や恣意性のエレメントを直視した上でなおも、その恣意性の内にこそ自由の証左を見いだしていく感性の力が、アーレントの革命論では遺憾なく発揮される。その力は、始まりのなにがしかの実存的優位を強調するものであるともいえる。

ここで、アーレント研究者の声を聞いてみたい。アーレントにおける創設の問題について考察したアラン・キーナンによると、「アーレントにとって新しい政体の創設は、人間の自由の殊に特権的な事例である」という (Keenan, 1994, 297)。またノエル・オサリヴァンは、「アーレントが好むようなタイプの自由に対する嗜好は、……革命的行為においてのみ再び獲得される」だろうと述べている (O'Sullivan, 1975, 247)。さらにボニー・ホーニッグは、アーレントのアメリカ革命論において、我々は政治と行為に関する彼女の説明の「すべての基本的な要素」を見いだすことができると主張する (Honig, 1992, 216)。

革命を、自由と始まりの例とみなすことのひとつの帰結は、しかし、再び革命をということであろう。我々は、ポスト革命時代の憂うつの中を生きていることになる。ジョージ・ケイテブは、アーレントの始まりの概念が両義性を持つことを認めつつ、次のように書いている。

> 彼女の書いたものから得る印象というのは、近代の反乱的政治のほうがポリス〔の政治〕よりも彼女の理論のより忠実な実現だというものである。政治は定期的で既に制度化された実践である時よりも、突発的である時の方が、より真正である。突発的政治は、

より明瞭に始まりの政治なのであり、自由であり自発的で新しく予期されざることを始める特殊に人間的な能力の表明なのであるから (Kateb, 2000b, 134-135)。

3. 始まりのアンチノミー

　こうしたアーレントの革命熱をどう評価できようか。

　ジョン・ロールズは、有名な『政治的リベラリズム』の第9講において、アーレントらの思想に潜んだ革命的不眠症、そして、通常の制度化された政治過程の軽視に対し、疑問を呈している。彼の考えでは、「公正としての正義」として理想的に描かれる社会において、市民が、既に正しいとみなされた憲法(コンスティテューション)が存在するにもかかわらず、それを新しく自らに与えることができないからといって、建国期の徹底的(ラディカル)な民主主義の種火が失われたかのように嘆くのは、おかしなことである。ロールズは、政治哲学者らしく、次のような例をあげてこの嘆きの不当さを示そうとする。イマヌエル・カントの著作が、我々の道徳的思考の基礎を築いたからといって、我々が道徳に関してまったく新しい地平で思考する機会を奪われたと不満を述べるのは、理に適っているだろうか。答えは否である。カントの『道徳形而上学原論』が、我々が道徳の法についての洞察を獲得するのを阻害するとでもいうのか。もちろん、違う。革命をなした世代に対し、後の革命をなし得ない世代がより不自由であると主張する合理的な根拠はあるか。これもないはずである。もしも建国の父が革命をなし、正しい憲法を制定したならば、後世に生れ落ちた我々は、ただその憲法を「正しく理解し、知的に賢く」運用すれば十分なのである。

　そこでロールズは、アーレントの革命への熱意に対して、第9講の

注で以下のように批評している。

> ハンナ・アーレントは、立憲政体を打ち立てようとする革命的な精神に関する、一見解決不能な困難に言及している。この困難とは、永続的な体制に、どのようにして革命精神を吹き込むかというものである。彼女はまた、憲法を神聖なる尊敬の目で見る者たちに対するジェファーソンの敵意は、彼の世代だけが「世界を新しく始める」ことができるという、トマス・ペインが『良識』の中で用いたフレーズを用いて表された不正義についての、嫌悪感に基づくものではないかと仄めかしている(『革命について』の235頁)。しかし、この嫌悪感は、完全にずれていて、常識的にいって維持できない。(自分がカントでないとか、シェイクスピアでないとか、モーツァルトでないといって、一生不満を漏らしていることだってできるのであるから。)(Rawls, 1993, 408n.5)

ロールズは、さらに問う。遠い過去に行われた、忘れがたい革命的憲法制定行為が、いったい何であるというのか。その制定された憲法を今や存分に理解し、それに基づいて誠心誠意に行為して、制定者らが世に送り出した当の政治体を保持していけるのならば、そこでいったい何が失われたというのか。正しく憲法を施行することと、実際に自分たちに憲法を与えることとの間に、どんな意味ある違いがあるというのか。一部の世代だけが「世界をもう一度最初から始める」ことができることに対する不正義感は、いかようにして分別ある意見たり得るか (Rawls, 1993, 408-409)。ロールズはもちろん、これらの問いに否定的に答えたいのである。

ロールズの批評の元にあるのは、『革命について』の第6章でのアー

レントの主張である。アメリカ革命における始まりの歓喜に陶酔したアーレントは、その歓喜を建国の世代だけに許すことの不正義を傲然と非難する。もし人間が本当に自由であることができるならば、特定の世代だけが革命的創設を経験できることは、不正である。公的幸福への権利は、あらゆる世代に等しく分け与えられるべきである。

　ここでアーレントを焚き付けるのは、建国の父の中でただひとりこの問いを発し、「最も深い情熱」と苦悶を抱いていたというトマス・ジェファーソンである (Arendt, 1965b, 232-233, 238-239=1995, 375-376, 384)。ロールズが指摘しているように、ジェファーソンは、「世界をもう一度」始める自由を、一部の世代に制限することは、正当化不能であると考えた。ジェファーソンは、神は、人間が「反乱なしに20年間も過ごすことを禁じている」と書いた (Arendt, 1965b, 233=1995, 377 から引用)。アーレントは彼の激しい怒りに言及しながら、次のように述べて、ジェファーソンに対する最大級の共感を示すのである。

　　〔ジェファーソンは〕アメリカ憲法に対して、そして特に「憲法を、信仰の対象のように崇め、あまりに神聖なので触れることもできない契約の箱のように考える」人々に対して、時々激しい敵意を示したが、それは自分の世代だけが「世界を再び始める」権力を持つべきであるという不正な考えに対して、激昂していたからであった。ペインと同様、ジェファーソンにとっても、「死後も(統治するのは)剥き出しのうぬぼれ、図々しさ」であった。その上「あらゆる暴君の最も愚かな行為であり、傲慢」であった (Arendt, 1965b, 233=1995, 376-377)。

　この問題を、アンドルー・アラートにならって、永続革命と革命的

健忘症のアンチノミーと呼んでおこう (Arato, 2000, 129-130)。このアンチノミーの一方の極には、劇的な始まりの瞬間を超えて、共同行為による公的幸福の実現を無限に繰り返すことを目指す、自己陶酔的な革命への意欲がある。他方で、このビジョンの破壊性を察知し、政体の永続性を保障すべく、自由が実現し憲法が公布はされたまさにその瞬間に、始まりの輝きを抑圧し、再び創設をなさんとする欲動を絶とうとする、やるせない自己制限と謙遜、始まりの忘却ないしは記憶喪失への決意がある。アーレントの言葉では、このアンチノミーは次のように表現されている。少し長いが、引用させてほしい。

> この共和国には、まさにそれを樹立する時に役立った、あの特質を活かす空間も余地も残されていなかった……。彼らはもちろん、この特権を後継者たちが享受することを拒絶したくはなかったが、自分の仕事を否定されることを大望するわけにもいかなかったのである。この難問の性格は非常に単純であるが、論理的には解決不能であるように思われた。創設が革命の目的であり終着点であるならば、革命精神は、ただ何か新しいことを始める精神であるばかりか、何か永続的で持続的なことを始める精神でもあるということになる。するとこの精神を具現し、新しい成果を達成するようにこの精神を鼓舞する持続的な制度というのは、自己破綻を来すようになるであろう。ここから、革命の成果にとって最も危険で、最も鋭い脅威を与えているのは、その成果をもたらした当の革命的精神であるという、遺憾な結論が出てくるように思われる。行為する自由という、最も高貴な意味における自由は、創設に対して支払われるべき代償であろうか。革命を可能にした公的自由と公的幸福は、創設者たちの世代にのみ許された特権で

あろうか。……この難問は、〔ロベスピエール〕以後すべての革命的思考に取りついている (Arendt, 1965b, 232-233=1995, 375-376 圏点は筆者による)。

ジェファーソンが、定期的な憲法の修正を主唱した最大の理由は、自由を構成し「世界を再び」始める経験を、後の世代に保障することであった。彼によれば、世代の交代時期にほぼ相当する「所定の期間」ごとに、憲法を修正する規定を、憲法自体の中に織り込む切実な必要性がある。修正の内容自体にとりわけ意味があるわけではなく、ましてやアメリカを非共和主義政体にするためでもなく、ただ革命の過程全体の「正確な繰り返し」が行われることが必要である (Arendt, 1965b, 234)。「憲法を不変なものにできるだろうか。私はできないと思う」(Arendt, 1965b, 233=1995, 377 から引用)。こう述べるジェファーソンは、アメリカの人民が、立憲会議に代表を送り、そこで意見を表明し、論議し、共通の理性によって決定する過程の反復を望んだのである (Arendt, 1965b, 234-235)。

ジェファーソンの反復革命 (recurring revolutions) の主張に、アーレントは魅せられるのであるが、同時にその主張が、非現実的であること、そして非現実的な自由の構想を支持するつもりはないということ——なぜなら彼女にとり、非現実的な自由、現実に存在し得ない自由など、自由とはいえないのであるから——を、彼女は自覚してもいるようだ (Arendt, 1965b; 1968a; 1978b, II)。ジェファーソンの提案は、もし実行されたならば、アメリカ全体を「周期的な混乱」の中に投じ込むか、自由の行為を単なる儀礼的な風習に貶めることになったろう (Arendt, 1965b, 235=1995, 379)。それでも彼女が、ジェファーソンと共にどうしても納得がいかなかったのは、革命が人々に自由を与えるように装い、

実際にある意味では自由を与えながら、現実に最も高貴な意味における自由を行使する空間を後世の者たちにもたらさなかったことである (Arendt, 1965b, 235=1995, 379-380) [11]。

いずれにしても、反復革命の道は、アンチノミーの第1の極にぶれたものであり、その解決にはなっていない。この道とは要するに、既に樹立された政体の内部に、それが「正当性の唯一の源泉」となるような過程ないし実践を維持しようというものである (Arato, 2000, 129-130)。アラートが述べるように、直接に参加的な立憲会議や構成的権力を内に抱える政体は、実のところまったく構成されていない政体と同義である。そこでは、政治的行為の只中に、「主権の源泉が常に現前」しているからである (Arato, 2000, 129-130 圏点は筆者による)。

本書の第3章及び第5章でも見るように、アーレントは、アンチノミーの解決策としてジェファーソンの区制に熱い視線を注いでいる (Arendt, 1965b, 235=1995, 379-380; 小山, 2005) [12]。区制は、アメリカの州を構成する郡をさらに分割して、6平方マイルほどの区 (wards) を作り、教育、軍事、司法、社会保障などの広汎な権限を与える、参加民主主義の構想である。区は「小共和国」として、人々が民主主義を実践する、当の場を与える。ポスト革命の時代の人々は、そこで自由になる。これらの「小共和国」の存在と、自由の経験は、「大共和国」としてのアメリカ合衆国の維持に不可欠であると、ジェファーソンは見ていた。アーレントは述べる。

「カトーがあらゆる演説を、カルタゴは滅ぼされざるべからず (*Carthago delenda est*) という言葉で締めくくったように、私もあらゆる見解を、『郡を区に分割せよ』という命題で締めくくろう」。ジェファーソンは、最も大切にしていた彼の政治観念をこのように要

第2章　徹底的な民主主義の種火　51

約して、説明したことがある。……カトーにとって、カルタゴが存在する限りローマは安全ではあり得なかったように、ジェファーソンにとって、区制がなければ、共和国はそもそもその基盤から不安定なものであった (Arendt, 1965b, 248-249)。

　ジェファーソンにとって、区は、反復革命のもたらすアナーキーと、革命的精神の死滅というジレンマの解決策であった。区だけが「抑圧、反乱、改革、抑圧、反乱、改革、その繰り返しの永遠で無限の繰り返し」を防ぎ得ると、彼は考えていた (Jefferson, 1999, 216-217)[13]。

　こうして、革命的ビッグバンと革命的5月病の間で揺らめくアーレントの思考は、日常の中に自由の経験を挿入する古代ギリシアのポリスのモデルに似たものへと帰って行くともとれる。区制は、日常的時間の中に異常なる始まりとしての行為を付置する。人々に労苦を耐えさせ、その生に意味を与えたというポリスのようにである (Arendt, 1965b, 281)。その魅力は、革命の時代を生きたジェファーソンに倣って、次のように表現できるかもしれない。どんな人でも、選挙の日だけでなく、毎日いつでも、政府の関係者になれること。どんな人でも、自らの国を実際に統治する権利に与っていること。「この自由がもし奪われることがあったならば……その人は肉体が引き裂かれその身から心が取り除かれることすら受け入れただろう」(Jefferson, 1999, 205; Arendt, 1965b, 254=1995, 406)[14]。

---

4. 過去へのまなざし

　ここまで、政治における始まりについて、アーレントの議論の一部分を見てきた。そこには、十分な葛藤や、ドラマに似た思考の軌跡を

見て取れるのではなかろうか。ギリシア的なるものと革命への思慕、そして無限に反復する革命への恐怖とが、彼女のテクストを徘徊しながら、その中核を突き抜ける。

ところがもうひとつのアーレントの思考の流れは、別の見地から、この葛藤を迎え撃つのである。判断の営みによる始まりの継続と、権威の増強(augmentation)という見地である(Arendt, 1965b)。『革命について』の一部の箇所や、「権威とは何か」などのテクストは、異常さや偉大さを賞揚する、ラディカルでロマンティックですらあるアーレントというイメージを突き崩すものを有している。これらのテクストで、彼女は、未来よりは過去、反抗よりは服従、新しさよりは古さ、そして古代ギリシアよりは古代ローマの経験に対する関心を露呈している。

上で引用してきたように、アーレントの『革命について』は、アメリカ革命に寄り添いながら、始まりに宿る自由の経験を情熱的に描いたものである。しかし、この同じ書の中でアーレントは、アメリカ人の「非凡なる政治的才能」は、むしろその「保守的」な精神にあると主張する。彼女によると、アメリカ人は、その建国の父が作った憲法を「信心深く記憶」し、無批判な態度で「ほとんど盲目的に信仰」する。アメリカ人は、革新や変化を過去に行われた創設行為へと結びつけ、こうして過去の「始まりへと遡り、始まりと繋がる」ことを志向する(Arendt, 1965b, 198, 201)。その態度は、敬神とでも呼べるものであり、その厳かな雰囲気の中で、過去の創設行為と、その成果である憲法の文書そのものが、「宗教的」な次元に置かれる。この場合の「宗教的」とは、ただし、*religare* すなわち「元に結びつける」というローマ的な意味であるという。非アメリカ人は、アメリカ人に見られる憲法への愛着や、建国の父の英雄視を不可解なものとして眺めることがあるが、アメリカ人の行動は、創設という偉大な過去の始まりへと身を寄せて「保守」

あるいは「保存」を実現しようとする、古代ローマの政治思想を師範とした政治のスタイルを表すものなのである (Arendt, 1968a, 120-128)。

前節で見てきたように、革命における平等主義とでも呼べるものは、後の世代に対し自由と始まりの行使を認めようとする。これに対し、革命における不平等主義は、自身を唯一の始まりとして保持することに固執する。先に見た、ジェファーソンの徹底的な民主主義の種火を重視する立場は、前者に含まれるものである。そこでは、始まりの一回性は、むしろ不正義の感覚へと結びつけられたのである。アーレントは、このジェファーソンの立場に共鳴していた。

ところが、今示した議論では、革命の正義を後の世代に認めないような政治様式、すなわちたったひとつの始まりの保存を熱望する態度は、革命的健忘症でも、悲しい記憶喪失への意志でもなく、ひとつの賞賛に値する態度として示される。アーレントのこの議論において参照されるのは、建国の父の中で言えば、ジェファーソンではなく、ジェイムズ・マディソンやアレクサンダー・ハミルトンである[15]。ジェファーソンの徹底的に民主主義な激情に代えて、マディソンらの共和主義的な永続性への関心が、テクストの前面で奏でられる。革命の権利についての主張がなりを潜めて、古さが礼賛される。その中心には権威の概念があり、モデルとして古代ローマがそびえ立つ。

権威 (authority) とは、そもそも「増やす」という動詞に由来し、その増やすものとは、始まりであるとアーレントは述べる。権威の現象において、現在は過去と結びつけられ、現在の出来事や変化はただ過去の偉大さを「増やす (augment)」ものとみなされる (Arendt, 1965b, 201; 1968a, 121-122)。創設 (founding) と増強 (augmentation)、そして保存 (preservation) の概念は、密接に連関する (Arendt, 1965b, 201)。創設は、再度の創設に対する意欲を鼓舞するものとしてではなく、それを眺める人によって

保存され増強される何かとして現れる。そして創設への服従は、不自由を表すのではなく、「服従によって自由を維持」する権威の様式として肯定される。アーレントは述べる。

　　創設と保存とが、増強によって一致しているということ、つまり何かまったく新しいことを始めるという「革命的」行為と、その新しい始まりを幾世紀にわたり保存する保守的な配慮とが相互に連関しているという観念は、ローマ的精神に深く根を下ろしており、ローマ史のほとんどすべてのページから読み取ることができる (Arendt, 1965b, 202)。

　こう述べるアーレントが、アメリカの政治機構において注目するのは、意外にもアメリカの司法府、特に最高裁判所のなす憲法解釈の実践である。意外にもというのは、司法府は、彼女にとって自由の原初的イメージをなす、構成的権力としての人々の共同行為、自由と始まりの純粋なる奔出というあり方と懸隔していると思われるためである。しかし、まさにこのこと、すなわち司法府が権力を有さず、「力(フォース)でも意志でもない、ただ判断だけ」を行う機関であることが、彼女にとって重要である (Arendt, 1965b, 200 圏点は筆者による)。それは、最高位の正当性の源泉として新たに権力を構成し、革命の反復を無限に繰り返す過激な革命モデルとも、「行くところ」すべてに新しいポリスを作っていくギリシア的なモデルとも異なる、ローマ的な政治のスタイルを具現化している (Arendt, 1968a, 120-121; 1993, 102-123; 小山, 2009a)。ローマ的な政治の様式は、あらゆる行為を、神聖視された過去へと結びつける崇拝の態度を特色とする。古代ローマ人は、古代ギリシア人のように緊急時や、また人口過剰が生じた際に、ただそこに「赴いて

新しい都市を創設せよ、汝のあるところに常にポリスあらん」と口にすることのできる民族ではなかった (Arendt, 1968a, 120-128; 1993, 106-123)。あまりにも創設という過去の出来事に心酔し、過去と切り離しがたく接合されているために、新しい国を作るということなど思いもよらず、ただ戦争で新たに獲得した領土をローマの植民地として接ぎ木していく、そのようなやり方を取るのが、古代ローマ人であった。創設は、ギリシア人にとってはごくありふれた平凡な出来事であったが、ローマ人にとっては、1回きり、たった1個の始まりであり続けた (Arendt, 1968a, 121)。この事実が、ローマを明確な境界線を持たず、中心を絶えず拡張して散漫に広がっていく帝国へ準備することになったと、アーレントは解説している (Arendt, 1993, 106-123)。古代ローマでは、信仰 (pietas) とは、「ローマ史の始まりである永遠の都市の創設に、自己を結びつけること」を意味した (Arendt, 1965b, 198)。古代ローマに特徴的な「権威と伝統と宗教との三位一体」とは、過去が常に現在よりも優れた地点として、信仰の対象として感知され、過去の例への忠実な準拠が、現在の行為を導き、また評価するための基準となったことを意味する。アーレントによると、権威は、極めてローマ的な現象である

> 権威という言葉と概念は、ローマに起源を持つ。ギリシア語やギリシアのさまざまな政治的経験の内には、権威についての知識や権威に基づく種類の支配は少しも姿を現していない (Arendt, 1968a, 104)。

アーレントによれば、権威の機関としての司法府は、「主権の源泉」を新たに生み出すことで政治体を反復革命の脅威にさらすことなく、創設者とその精神を「現前 (represent)」させるものである (Arendt, 1965b,

200-201=1995, 321)。この解釈によると、最高裁判所が憲法を解釈する時、「増強〔=権威〕による創設と保存の内的一致」が見事に実現されている。最高裁判所は、ウッドロー・ウィルソンによると、「連続的に開会されている一種の立憲議会」であって、その実践は「一種の継続的な憲法制定」である (Arendt, 1965b, 200)。そこにおいては「始まりに対し自らを繋縛」する、保守的な増強=権威の政治が実現している。

　こうした議論は、アーレントにおける保守的なるものの重みを際立たせるものだ。そしてこの憲法解釈が、内容面においても保守的な性質を有するもの、つまりその形式においてだけではなく内実において保守を体現するという印象を与えるものでもある。確かに彼女は、憲法解釈あるいは判断の実践が、「保守=保存」の営みであることを強調する。

　ところが、アーレントがいう保守、保存の営みとは、憲法の修正をも含む。例えばアメリカ合衆国憲法には、権利章典をはじめとした修正条項が付されているが、それらもまた保守的なものである。こうした修正は、創設の権威を揺るがすどころか、逆にそれを増強するものであるとアーレントは主張している。「アメリカ憲法の修正条文は、アメリカ共和国の原初的な創設を拡張し、増加させている。いうまでもなく、他ならぬアメリカ憲法の権威そのものが、修正や補足に対する適応力の内に宿っている」(Arendt, 1965b, 202)[16]。修正ということであれば、司法府の営みとは言えないため、このアーレントの主張には疑問符が付けられるが、もしも憲法解釈だけということならば、アーレントの時代で有名なものにブラウン対教育委員会裁判がある。これもまた保守的判断とするならば、通常の保守と革新の意味あいとは逆になっている。

　アーレントはまた、司法府の設計のためにアメリカの建国の父が参

第2章　徹底的な民主主義の種火　57

照したのが、ローマの元老院 (Senate) であったということを重視する。彼らが元老院の呼称を立法府 (上院) にあて、その機能を司法府に持たせたのは実に巧妙であった。司法府から権力を奪い、判断の機関としてそれを打ち立てることで、司法府を権威の機関とする。アーレントによると、アメリカの建国の父は、古代ローマ人にとって、元老院が先祖の代表者あるいは化身そのものであるような権威の機関であったことに注目し、その力を、人民によって選出されない司法府に委ねようとしたのである (Arendt, 1965b, 200=1995, 321)。司法府の判事は、この意味では、ジェファーソンやマディソンら建国の父の生まれ変わりということになる。ひとえに、彼らが憲法を解釈しているからである。

　こうして、『革命について』では、革命的始まりに現れる自由の閃光が映し出されたかと思うと、過去へとひたむきな視線を送るポスト革命の時代の西日が映し出され、そして最終章では、再び革命的反復の自由へと注意が向けられる。いや、むしろこの書は、ポスト革命の時代のけだるさの中で始まりつつも、革命へ、そして保守へ、そして再び革命へと、視点を揺らしながら進んでいくのである。

　過去へと視線を送るのは、判断主体としての人間である。判断は、「過去を掌る能力」として、我々の精神に与えられた能力である (Arendt, 1978b)。アーレントは、判断あるいは判決 (judgment) が、革命によって創設されたアメリカ社会で、司法府の外でも実施されることを期待する。例えば彼女は1964年のインタビューにおいて、現代のアメリカの政治家がより熱心に政治的判断力を行使することを期待し (Arendt, 1996a, 68-69; 1994, 21)、「政治における嘘」では、政治家や官僚が「判断と学習」の能力を研磨する必要性を説いている (Arendt, 1972, 37-42)。

　　　　　　　＊　　　　　＊　　　　　＊

マイケル・ウォルツァーは、『解釈としての社会批判——暮らしに根ざした批判の流儀』において、道徳哲学には3つの道があると述べている (Walzer, 1987, 5-18)。第1は発見(ディスカヴァリー)の道、第2は開発(インベンション)の道、第3は解釈(インタープリテーション)の道である。第1の発見の道とは、客観的な道徳法則の発見として、道徳哲学が実践される場合を指す。啓示宗教はこれにあたる。第2の開発の道とは、道徳法則を人間自らが考案するものである。例えば平等や正義など、ある原則を打ち立て、そこから個別具体的な道徳判断を導く。第3は、現存する社会に内在する価値や原則の解釈としての道徳哲学である。ウォルツァーは3つ目のやり方を唱える。道徳哲学は、社会に埋め込まれた原理や原則の解釈の実践として位置づけられる。

アーレントもまた、解釈の道を発見したのかもしれない。アーレントにとって、解釈は、革命的創設と、革命後の落日との中間をゆく第3の道だ。しかしもう一歩踏み込んでみると、革命それ自体が、解釈の道を排除するものではなかったともいえる。アメリカ革命は、「時代の新秩序」をもたらす始まりであったかもしれない。けれども新しさの「概念」は、そこで「根本的に欠けていた」ことを、アーレントは指摘する (Arendt, 1965b, 46=1995, 63)。上で見たように、古代ローマの精神に魅了された建国の父は、建国を「ローマを新たに作り直す」という復古の試み、古い秩序の回復の意味で、すなわち革命の本来の義である「回転して戻る(リヴォルヴ・バック)」というイメージで捉えていた (Arendt, 1965b, 44, 212=1995, 60, 338; 1978b, II, 207)。彼らにとって、始まりは既に保守的だったのである (Arendt, 1965b, 41)。別の言い方をすると、建国者が企図したのは、まったく新しい何か、絶対的な始まり (absolute beginning) ではなく、相対的な始まり (relative beginning) であった。古代ローマの精神

においては、始まり自体が復興であり、ローマの建国が、既にトロイの再生であった(Arendt, 1965b, 207-211=1995, 331-335; 1978b, II, 211-214)。「ローマ人にとっては、およそどんな創設も、絶対的な始まりであることは不可能」だったのである (Arendt, 1978b, II, 213)。古代ギリシアに範を取ることを拒んだ建国の父は、己の革命を「ローマを再び」建てることと自己定義した (Arendt, 1965b, 206-207, 212=1995, 330, 337-338)。しかし実際に革命が進行する中で、彼らは、自らが「偉大なる時代の秩序」というよりはむしろ「時代の新秩序」を、「ローマを再び」建てるというよりは、むしろ「新しいローマ」を建てようとしていることを悟った (Arendt, 1965b, 212=1995, 337-338)。

　アーレント自身、復古のメタファーがどうしてここまで革命家の心を強く掴んだのか、戸惑いを見せている[17]。過去は、そんなにも愛しいものであろうか。ひらすらに過去へと目を向け、その続きとして現在を見ることは、それほどまでに深い悦楽をもたらすものであろうか (Arendt, 1978b, II, 216)。というのも、そこに垣間見えるのは、未来を支配し、未来を、創設の始点上に一次元的に広がる時間の枠の中にはめ込もうとする態度だからである。過去につながれた未来は、動かしようのない時間の継続の中だけに座することになる。この「押しつける (imposing)」かのような態度を、アーレントは、傲慢さではないとしている (Arendt, 1965b, 38-203=1995, 52-325, 203=325; 1978b, II, 211-215)。一方で革命家にとって、権威に訴えることはプラグマティックな選択である。つまり永久に続く世界を打ち立てたいという欲求を満たす、安定性と永続性のための有益なツールである (Arendt, 1978b, II, 209; 1965b, 222-231=1995, 361-373)。だが同時に、革命家にとり「復古の観念は、どんなに愛しいものであるか」も、無視できない (Arendt, 1965b, 45=1995, 62 圏点は筆者による)。18世紀にあって、革命家に、これほどまでに強い復古

への関心があることを、アーレントは興味深く眺める (Arendt, 1978b, II, 215)。そして、その原始共産主義への憧憬において、マルクスにも。過去の権威に進んで従おうとするのは、いったいいかにしてか。アーレントは茫然自失し、判断停止しているようにすら見える[18]。

＊　　　＊　　　＊

　アーレントは、うなされたように新しい創設を求める悲哀に満ちたパトス —— 自由のワインがもたらす愉悦 (Arendt, 1965b, 49; cf. 1968b, 6=1986, 14-15) —— に、それでも、この上ないほどに寄り添いながら、しかし服従においてなお自由が保持される権威の政治に、粛として尊敬の念を示す。ギリシア的でもあり、そしておそらくアメリカの精神の一面でもある自由への衝動と、回顧的な判断の魅力との間に板ばさみになりながらも、アーレントは両者に限りなく純粋な敬意を払い、そのどちらも公平に眺め、記述しようとした。それは筆者には、アーレントがホメロス的中立性として讃えたもの、つまり勝者にも敗者にも、そしておそらくあらゆる存在者に敬意を払い、その素晴らしくユニークな行為を記録し保存しようとする歴史記述の方法をも思わせる (Arendt, 1965b; Beiner, 1982; Denneny, 1979)。こうして、アーレントの緊張関係を孕む、いわば反対向きの記述は、激しく火花を散らしながら、彼女の思想の全体像を明るく照らし出す。

5．日常空間の政治を求めて——聖アウグスティヌスと挫折する愛

　「どのようにして、絶対的に新しいことを始めながら、同時に過去の宝を重んじることができるのか」。アグネス・ヘラーが発した問い

第2章 徹底的な民主主義の種火 61

は、アーレントが示した難問のひとつをうまく言い表している (Heller, 2001, 20)。それは、矛盾と断定はできないかもしれないが、読み手の内にある、一貫性のプロジェクトとしての思考 (thinking) を、刺激することは確かなようだ。アーレントは『人間の条件』では、行為とは政治体の「創設そして保存」にかかわることであると書き、両者をたやすく"and"で結んでいる (Arendt, 1958a, 8-9)。しかしここで"and"で結ばれるのは、実は異質な何かである。ヘラーは、さらにこう問うている。アーレントは、「革命主義者なのか、それとも保守主義者なのか」。ヘラーによれば、「両方である。あるシチュエーションでは革命主義者、他のシチュエーションでは保守主義者である。ある問題においては革命主義者であり、他の問題においては、保守主義者である」(Heller, 2001, 31-32)。アーレントの功績は、複数の物語を、ひとつの包括的な理論に統合することなく、それぞれを情熱的に紡ぎ、至上のコミットメントを示した点にある (Heller, 2001, 20-22, 32)。

　アーレントは、いとも簡単に概念の意味を変え、こうして思考がその営みを行う位相を変えながら、行ったり来たりの運動と共に思考の軌跡図(マップ)を描いたと、ヘラーは述べる (Heller, 2001)。例えば、始まりが、全体主義を意味し、かつ非全体主義を意味することは、「論理的整合性」の観点からすれば、あり得ないだろう (Heller, 2001, 21-29; cf. Arendt, 1994, 302-327, 405)。しかし、アーレントの思考は、こうした「論理的整合性」に耽溺することなく、優雅に浮かんでいるようである。思考は、無矛盾を原則とする。それが目指すのは、常に己自身と一致ないし調和せよという、一貫性である (Arendt, 1978b, I, 186)[19]。ところが、思想 (thought) は、自由を特徴とするのかもしれない。思想は、アーレントが意見とは何かについて述べた文章の前段部分を、その特徴として有しているのではないか。つまり、「あるひとつの場所から他の場所へと、世界

の一部分から他の部分へとかけ回る……散漫さ」である[20]。こうして、複数の多様な思考が、彼女のテクストを漫歩して、その中心部分を突き抜けるのである。そこに立ち現れるのは、より含みをもたせた、散文的なアーレントであると言えるかもしれない[21]。そこには明らかに分断 (discrepancy) があるだろう。しかし必ずしも非一貫性 (inconsistency) ではない。思想において、分断や乖離があることと、非一貫性とは同じ意味ではないと、ヘラーは述べている (Heller, 2001, 21-24)。

ここで、本章の内容を振り返ってみよう。本章では、始まりについてのアーレントの議論を整理しながら、彼女の思考の軌跡を追ってきた。その中で、革命的な始まりを賞賛しただけでなく、より複雑な議論を提示した人物としてアーレントが立ち現れてくるのを確認した。アーレントには、絶対的な始まりを理想視し、追究するような議論もある。この議論では、新しい始まりとしての革命が、政治的行為の真髄として位置づけられる。しかし、それに二の足を踏むような要素もある。自由の意味、その場面を変えて、革命後の回顧と創造的解釈、相対的始まりの実践に注意を向ける議論がそこにはある。革命における自由の降臨を賛美した彼女は、同時にアメリカ人の「保守」と「創設の増強」の実践に敬服する。未来志向的な行為と、回顧的な判断の双方に対する関心がそこにある。

確かに革命による新しい政治体の創設は、出生に特徴づけられる人間にとって自由の究極的な証左であるかもしれない。だがそれだけが、自由を示すものといえるかどうかは、定かではない。本章では、「神話的」で「暴力的」な創始の行為モデルに対する疑念も紹介した。創設の行為には、ひょっとしたら、何の深い意味もないのかもしれない。東欧革命や中東革命、そしてアフリカやラテンアメリカでの経験が語

第2章　徹底的な民主主義の種火　63

るように、それは抑圧や迫害などの負の歴史的条件によって押しつけられた厄介な仕事のひとつとすら捉えられる。もし、既に機能する政府と憲法があるとすれば、つまりそのような作業を行う必要性に駆られていないのであるとすれば、なくても済ませられるような仕事である。この考えでは、憲法制定の原初的なモーメントが、後の世代によって羨望の的となったり、不正義感の源泉となったりすることはおかしいということになる。ロールズは、一部の者だけが憲法の制定にたずさわり、「国を新しく始める」特権を享受した「不公平感」についての指摘は、合理的にいって維持できない考えであるとしていた。

　本章では、新たに革命をなすことなく、過去の創設の「権威を増強」しようとする、増強の政治に対するアーレントの関心を確認した。さらに、始まりの保守性というアーレントの見解も追った。革命的創設ですら、復興を意図しており、無から (ex nihilo) の始まりを企てるものではなかったのである。

　アーレントは、始まりが革命において最も真正なものとして現れるかもしれず、そのためにどんな世代であっても、再び革命を行うという反復革命の権利を剥奪されることはできないとしながらも、革命不在の時代でも自由の灯火は消えないことを示そうとしていた。

　こうすることで、アーレントはもしかすると、日常の時代に宿る不滅の政治というビジョンを保持しようとしたのかもしれない。アメリカの司法府、特に最高裁判所は、本書で見てきたような意味での徹底的な民主主義を実践するわけではない（ロールズが考える、公共的理性の「範例的機関」ではあるが) (Rawls, 1993, 235)。それでも、革命的不眠症と革命的記憶喪失という選択を前にして、本書の後の章で見るように、常に弾圧されてきた評議会という「小共和国」に政治的なるものの可能性を全面的に託すこともできず、彼女は、アメリカ合衆国の制度的構造

の内に政治的なるものの一灯を見いだしたのだろうか。

最後に、再び、思想と「矛盾」の問題について考えたい。アーレントが1920年代に執筆した、聖アウグスティヌスについての博士論文では、思想の「矛盾」にいかに対処するべきかが、早くも論じられている。それによると、思想解釈者の役目は、矛盾を数え上げて解決することではなく、矛盾を、矛盾として現れさせることであり、「矛盾をそのままの状態で……その背景にあるものを把握」することである[22]。アーレントは、次のように述べる。

> 矛盾を明らかにすることは、相対的に閉ざされた概念的、経験的文脈に由来する諸問題の解決と同じではない。単に、どうしてこうした矛盾が生じるに至ったのかということ、つまりどのような完全に異なる意図が、こうした——体系的思考にとっては——理解不能な諸矛盾を生じせしめたのかということに答えるだけである。我々は、矛盾を、そのままにしておかなければならない。それらを矛盾として理解させ、その背景に何があるかを看取しなければならないのである（Arendt, 1929, 6=2002, 11-12; 1996b, 7）。

アーレントは、聖アウグスティヌスについての、この若き日の論文において、人が神を愛しながら、同時に隣人を愛することができるのはいかにしてであるかということについて考えた。どうやって人は、世界と人間そのものを否定しながら、かつ隣人を愛するという矛盾する要請に応えることができるだろうかと（Arendt, 1929=2002, 1996b; Barthold, 2000, 1; Beiner, 1996, 277）。

アーレントによれば、神への愛と隣人愛という2つの愛概念が矛盾するだけでない。愛それ自体が、既にある種の矛盾を孕んでいる。愛

第2章　徹底的な民主主義の種火　65

とは、渇望であり、渇望としての愛は、対象物を求める。しかしどんな物であっても、地上の物であるからには可死的である。よって愛は恐れを抱き、渇望から解放されようと欲することになる。こうして、愛は「挫折」する。アーレントがこの作品で描こうとしたのは、「挫折する愛」の悲哀である (Arendt, 1929, 10-11=2002, 20; 1996b, 13)[23]。

冒頭で述べたように、アーレントは、「矛盾」とは、思想家があまり熱意を注がなかったようなマイナーな部分ではなく、その思想の中核部分を大胆にも突き抜けるものであると述べた。そこで本章では、彼女の思想の中核部分と見られる始まりの概念を取り上げたが、そこにもやはり「赤い糸」が突き抜けていたと筆者は考える。

〔注〕
1　これについては、本書第1章及び第5章を参照していただきたい。
2　また、Arendt, 1965b, 271-274 も参照。労働問題の政治性についてのアーレントのテクストが一貫性を欠いているという指摘として、Benhabib, 1996b, 141-142; Sitton, 1994, 322 がある。また、ハンガリー革命についてのアーレントのテクスト Arendt, 1958b を参照していただきたい。
3　例えば Benhabib, 1994b; 1996b を参照。ナンシー・フレイザーによると、これは「決断主義的」アーレントと「方法主義的」アーレントとの違いである。前者においては、パフォーマティブで闘技的、そしてポストモダン的な政治像を追求するアーレントを発見できる。そこでは、リチャード・ローティーの言葉を借りれば、「強烈な詩人の異常な言説」によって構成される非日常的な政治空間が理想視される。他方で我々は、公共的思考を持った、コミュニケイティブな政治を志向するアーレントを見ることができる。これによると彼女は、政治体に安定性や永続性を付与する、合理的で、手続き化された討議や共同行為のプロセスを重視した (Fraser, 1997a=2001, 186-187)。マウリツィオ・ダンドレーヴは、これらを表出的モデルとコミュニケーション的モデルとの違いと呼んでいる (D'Entrèves, 1994)。ピーター・ユーベンは「偉大さ、英雄主義、アゴニズム、美学化

された政治に『囚われた』アーレント」と、「アソシエイティブで、共同体的で、民主的で、討議的なアーレント」との間の緊張関係と矛盾に言及している (Euben, 2000, 161)。この問題については、さらに川崎, 1987 が扱っている。

4 「アソシエイティブ」なアーレントのイメージは、しばしば、判断力についての考察と関連づけられる。アーレントの判断力についての考察は、カントの判断力 (特に反省的判断力) についての考察に多くを負っているとされるが、カントの『判断力批判』をめぐってカール・ヤスパースとアーレントとの間で交わされた手紙は、他者、合意、社会性の強調において、「アソシエイティブ」なアーレントのイメージをうまく伝えてくれるのではないだろうか。以下に、該当する箇所を引用してみたい。

> 今は『判断力批判』を読んでいて、感激は高まる一方です。ここにこそ、カントの真の政治哲学が潜んでいます。『実践理性批判』にではありません。あれほど軽蔑されてきた「常識」に賛歌を捧げ、趣味という現象を判断力の基本現象として——おそらくあらゆる貴族社会では実際そうなのですが——本気で哲学的に論じ、判断に欠かせない「拡大された思考法」を取りあげて、それがあるからこそ、人間はあらゆる他者の立場に立って考えることができるというのです。そして、伝達可能性の要求。これらの背後には、若い頃のカントの社会での経験があって、歳をとった彼が再びそれらに命を与えたのですね。私は彼の『批判』の中でこの本がいつも一番のお気に入りでしたが、〔ヤスパースの〕カントの章を読むまでは、これほど強烈に私に語りかけてきたことはありませんでした (Arendt und Jaspers, 1985, 355=1992, 318)。

さらに、その後の手紙では、彼女は次のように書いている。

> カントが理解したような、世界の世界性の真髄としての美しいものについて、ゼミナールができたら素敵でしょうね。それも、一人一人の人間にとっての世界性です。そして、それに密接に結びついている、彼の人間性 (*Humanität*) の概念についてもです。人間性を可能にしているのは、ひとえに人は「議論する」ことのできないような事柄につい

てもなお「論争」する能力である、なぜなら相手を議論で説得できない場合ですら「互いに一致する」という希望を持てるからだ、ということについてです（Arendt und Jaspers, 1985, 357=1992, 320-321）。

この手紙に出てくる「カントの章」とは、ヤスパースの *Die grossen Philosophen* の中の章であるが（Jaspers, 1957）、そこでヤスパースは、カントの公開性（Publizität）の観念について、カントの伝達可能性の概念に依拠しながら次のように書いている。

人間性とは、「伝達可能性」に存する。カントが趣味の機能を、社交性の教化という点に見る場合、「感覚はそれがあまねく伝達できる限りにおいてのみ、それだけ多くの価値を保有するのであるが、そもそもこのような場合、快感はたとえ取るに足らぬほどであっても、感覚の普遍的伝達可能性の理念は、その価値をほとんど無限に増大するのである」と言っている。

「共通の人間悟性の格率」のうち、カントは「自ら考えること」と、「自らに矛盾することなく考えること」と共に、「他者の立場に立って考えること」を並置している。それは、「判断の主観的個人的制約」を乗り越えることができる、「拡大された思考法」の原理なのである（Jaspers, 1957, 569=1962a, 125=1962b, 326-327）。

アーレントとヤスパースとは、1969年のヤスパースの死に至るまでの活発な手紙のやり取りからも窺い知ることができるように、個人的にも、そして知的にも親密な関係にあった。アーレントの亡命によって一時的にコミュニケーションが断たれたものの、1945年にアーレントはヤスパースとの連絡を再開し、亡命先のアメリカ合衆国の政治・社会問題や、全体主義、悪をめぐる問題ついて情熱的に語り合っている。

アーレントの師としては、よく知られるように、マルティン・ハイデガーもいる。アーレントはハイデガーと1950年に再会し、1952年にもフライブルクに彼を訪問している。後に書かれたハイデガーへの手紙の中で、アーレントは、『人間の条件』（ドイツ語版）が「最初のフライブルクの日々から直接生まれ出た本」であり、「あらゆる点でほとんどすべて

を」彼に負っていると書いている（Arendt und Heidegger, 1998, 149）。アーレントの政治思想とハイデガー哲学との関連については、本書では残念ながら扱わない。

5 アーレントは、次のように書いている。

> レーニンは、生涯に2度、つまり1905年と1917年に、事象そのものの直接的な影響を受け、革命的イデオロギーの悪質な影響から一時、解放された。例えば、彼は1905年に、革命の最中において、まったく新しい権力構造を自然発生的に樹立し始めていた「人民の革命的創造性」を絶賛し、同様に12年後、「全権力をソビエトに」というスローガンで十月革命を開始し、そして勝利したのである（Arendt, 1965b, 257=1995, 410）。

アーレントは、革命の目撃者としてのレーニンは、革命の「イデオロギー」から解放され、イデオロギーに曇らされることなく、「人民の革命的創造性」を賛美することができたと述べている（Arendt, 1965b, 257=1995, 410）。

他方、アーレントによれば、レーニンは革命家として、革命の「イデオロギー」に忠実でもあった。1905年にイデオロギーの「悪質な影響」から一時的に解放された彼は、その後の1917年、同様の現象を目の当たりにした時、それに再び驚いたばかりか、その現象を革命の「イデオロギー」から逸脱するものとして退けるに至ったという。そして、アーレントはこう言う。

> 遂に、クロンシュタットの反乱において、ソビエトが党の独裁に反抗し、こうして新しい評議会と党機構との両立不可能性が明らかになった時、彼は、ほとんど即座に評議会を鎮圧することを選んだ。それらの評議会は、ボルシェビキ党の権力独占を脅かしていたためである。これ以降、「ソビエト連邦」という名称は、革命後のロシアに冠せられる名としては虚偽と化したわけであるが、この虚偽は、同じようにこれ以降、ボルシェビキ党ではなくして、ボルシェビキ党が無力化したソビエトのシステムの圧倒的な人気を渋々ながら認めることを意味した。自分

たちの思想と行為を、新しい、予期せざる出来事に調和させるか、あるいは極端な暴政と抑圧に向かうかの二者択一を前にして、彼らは躊躇することなく後者を決意した。……1919年、党が、「共産党が多数派を維持しているような〔下部〕ソビエトから成るソビエト共和国の大義だけを支持する」と決定したとき、彼らが実際に行ったことは、普通の政党政治家と変わりがなかったのである（Arendt, 1965b, 258=1995, 410）。

アーレントは、「見たこともないもの、考えたこともないこと、試されたこともない制度に対する恐怖は……かくも凄まじいものだった」と述べている（Arendt, 1965b, 258=1995, 410）。

このアーレントの革命論では、ソビエト連邦は、革命の失敗の結果であると捉えられている。真なる革命——それは常に、自由な共和制へと向かうはずである——が放棄された結果として、レーニンの一党独裁、スターリンの全体主義、フルシチョフの啓蒙専制主義などの「支配の諸形態」が現れたのである（Arendt, 1965b, 218=1995, 355）。

6　後で見るように、ジェファーソンの思想には、これと関連して、創設の自由をめぐるリアリズムとアイディアリズム、あるいは保守主義と革新主義（徹底的民主主義）との間の葛藤が存在する。例えばジェファーソンの定期的憲法制定論は、徹底的に民主主義的なアイディアリストとしての彼の側面を顕在化させている。過去の世代は未来の世代を支配することはできず、よっていかなる世代も永続する憲法は作れないという彼の信念は、あらゆる憲法そして法を19年で失効させるべきであるという尋常ならざる結論へと、彼を至らしめる。「あらゆる憲法と法律は、19年が過ぎると消滅するのが自然である。もしそれ以上に強制されるならば、それは力の行使であって正義の行使ではない」（1789年9月6日のジェイムズ・マディソン宛の手紙）（Jefferson, 1999, 596）。またアーレントが熱っぽく伝えているように、ジェファーソンは、ちょっとした反乱くらいはむしろ共和国にとって良いものである考えている。「私は、危険を伴う自由を、平穏な奴隷の状態よりも選びたいのである（*Malo periculosam libertatem quam quietam servitutem*）」（1787年1月30日のマディソン宛の手紙）（Jefferson, 1999, 108）。もっとも建国の父のひとりである彼が、自身の

建国が無効にされることを本心から望んだのか、またその憲法に体現された自然権を破棄する自由を後の世代に認めたのかは、疑わしい。森村進によれば、自然権論と多数決的人民主権論との間の緊張関係は、ジェファーソンが1777年に起草した有名な『ヴァージニア信教自由法』に明らかであるという（森村, 2006, 747-748）。『ヴァージニア信教自由法』の末尾には次のように記されている。

　本議会は、通常の立法目的のためにのみ人民から選出されたものであり、したがって本議会と同等の権限をもって成立される将来の議会がなす立法を、拘束する権限は持たないものである。したがって、本議会は改正を許さないと宣言したところで、別に法的効力を持つものではないことを、我々は十分にわきまえているものである。と̇は̇い̇え̇、我̇々̇は̇次̇の̇ご̇と̇く̇宣̇言̇す̇る̇自̇由̇を̇有̇し̇、ま̇た̇事̇実̇宣̇言̇す̇る̇。
　本法において主張された権利は、人類の自然権に属するものである。したがって、今後いかなる法律であれ、本決議を廃止したり、その施行を制限するがごとき法律が可決されることがあっても、その法律は自然権に対する侵害となろう（ジェファーソンほか, 1963, 155 圏点は筆者による）。

　マディソンはジェファーソンの定期的憲法制定論を棄却しているが、その際にマディソンがあげた論拠は、後に述べる「権威の増強」の箇所で、アーレントがローマ政治の特色として述べていることと重なるところがある。マディソンは、ジェファーソンに対し、「古さ」によって引き起こされる好意的な偏見は、理性的な政府にとって助けになると述べる。また彼は、「ザ・フェデラリスト」第49篇で、「時間があらゆる物に対し与えてくれる尊敬」なしには、どんなに賢く自由な政府も、安定性を調達することができないであろうと書いている（Jefferson, 1999, 606; Hamilton, Madison and Jay, 1999, 282; 森村, 2006, 745）。マディソンの見解に立つと、ジェファーソンの、そしておそらくアーレントの創設への慕情は、哲学者の国に安住の地を見いだすであろう。哲学者の国では、法に対する敬畏が、無責任で感情的な憲法制定行為の反復を妨げる。ところがこうした哲学者の国という理想は、プラトンの唱えた哲人王や理想国家の構想

と同じくらい現実から乖離している。「哲学的立法の精神は、合衆国の一部分には決して届いておらず、ここ議会の中でも外でも決して時流をなしてはいない」と、マディソンは痛烈に皮肉っている（1790年2月4日のマディソンからジェファーソンへの手紙）(Jefferson, 1999, 609)。アーレントはプラトンの哲人王の思想を、人の複数性から離反するものとして激しく非難したが、本章で示す反復革命の思想も、やはり現実から乖離してはいないか、考える余地はある。

7 ニーチェの思想の矛盾、そしてその矛盾についての他の研究の検討として、例えばMüller-Lauter, 1971=1999が参考になる。ヴォルフガング・ミュラー・ラウターは、ニーチェの思想における真の矛盾と見せかけの矛盾とを区別し、真の矛盾とはどのようなものかについて論じている (Müller-Lauter, 1971=1999)。

8 ポリスの民主主義のイメージを、特に近代の代表制民主主義との対比において伝えてくれる文献として、Finley, 1985; Manin, 1997が有益である。

9 ロイ・ツァオによれば、アーレントの政治思想が実存主義的であるという頻繁に耳にする解釈は、『人間の条件』のほんの一部分にだけテクスト上の裏付けを有するに過ぎない。「トゥキュディデスやペリクレスがアテナイの栄光は、それが『よい行為と悪い行為の永遠の記憶を至るところに』残したことにあるということを発見した時、彼らは、自分たちが日常行動の正常な基準を断ち切っていたことを十分に知っていた」と彼女が記した箇所である (Arendt, 1958a, 205-206)。これは無論、『人間の条件』の一部分をなす主張であるに過ぎない。しかしツァオによれば、この一文こそが、「アーレントの行為論がニーチェ的不道徳主義を採用していると言われる、唯一のテクスト的根拠」となっている (Tsao, 2002a, 113)。またジャック・タミノーによれば、アーレントのテクストの入念な読解によってわかるのは、彼女の行為の分析が「演技のための演技」あるいは演技の自己目的化の礼賛に限定されるという理解はまったく当たらないということ、また、アテナイのポリスがアーレントの思想において規範としての位置を占めていることもないということである (Tamineaux, 2000, 165)。本章でも明らかにするように、生前に発表されなかったテクストを含めたアーレントの文献全体は、ローマ的なものに対しても強い関心を示している。約束の概念への着目はその一端であろう (Tamineaux, 2000; Owens, 2007;

Hammer, 2002)。特に Arendt, 1993 を参照されたい。

10 このアメリカ革命の評価には、不可解なところもある。本章で見るように、アーレントはアメリカ革命について、最終的には負の評価も下していくからである。この問題については、本書第3章も参照していただければ幸いである。

11 ジェファーソンの憲法観と、世代間正義の概念について、森村, 2006 を参照。アーレントは市民的自由の保障を革命の成果のひとつに数えているが、政治的自由の点では、革命のなした成果は不十分であったと考えている (Arendt, 1965b, 141-145, 280=1995, 221-228, 441-442)。後に、彼女は『共和国の危機』において、市民的不服従の自由を認めるための憲法修正を提起している (Arendt, 1972)。本章の第3章も参照していただければ幸いである。

12 ジェファーソンにとっても、区は、反復革命とそのもたらすアナーキー状態と、革命的精神の死滅というジレンマの解決策であった。アイザック・H・ティファニー宛の1816年8月26日付の手紙を参照して頂きたい (Jefferson, 1999, 216-217)。

13 引用は、アイザック・H・ティファニー宛の1816年8月26日付の手紙からのものである。

14 1816年2月2日のジョセフ・C・カベル宛の有名な手紙からの引用文である。

15 マディソンは、「時間があらゆるものに付与する畏敬の念」(Hamilton, Madison and Jay) について語ったが、彼のこの主張こそ、ジェファーソンの徹底的な民主主義を反駁する際に持ち出された、当のものであった。マディソンの思想全般については、Adair; Meyers, 1973; Diamond, 1959; White, 1987 が参考になる。

16 解釈や修正によって創設を保存したり記憶したりするというアーレントの主張には、他の点でも、奇妙さが残る。過去と現在あるいは革命と革命後の時代について語る時、両者の間には分断があることが前提とされる。それらは、異なるものであるからこそ、その結びつきや切り離しについて語ることができる何かである。アーレントが、「過去へと結ばれる」ローマ的精神に言及する時、そこには不可避的な時間の経過と、それによる記憶や保存の不可能性とが示唆されているように思われる。法

制度の面に関していえば、法が作られる前の状態と、法ができあがった後の状態ということで、完全に断絶していると言える。さらに第3章でも示すように、アーレントは、20世紀のアメリカが、精神面においても過去と断絶しており、創設の記憶をすっかり忘却してしまったと考えている。そこでいったい何が、憲法の修正や解釈を内容面で導き、支えるのか、疑問が生じてくる。アメリカ憲法の修正条項や最高裁判所の憲法解釈、特に進歩的な憲法解釈は、建国の父の意図に反するものとみなされる場合があることを考えると、具体的にどのような憲法解釈や修正が「権威＝増強」の営みであるのかについて、アーレントの考えには不明瞭さが残る。この点について検討するための文献として、Dworkin, 1986, 1996; 権, 2004; Ingram, 1996 をあげておく。後の世代の役割を、憲法に埋め込まれた権利体系のより完全な実現とする見方は、例えば Habermas, 2001 に示されている。権利の拡張については、トマス・ハンフリー・マーシャルの古典的研究もある (Marshall, 1964)。さらに近年では、自然への権利の拡張を主張するものもある (Nash, 1989=1999)。もしも過去と未来が繋がっており、先祖と今の世代が同一の次元にあると考えるならば、今度は、なぜ彼らが建国者であり、後世の人々がそうではないのかという、世代間相違の不正義の問題が再浮上してくることになる。この不正義、不平等ということとの関連でいうと、創設の暴力をめぐる問題として指摘される代表の問題も、看過できない。創設の行為を否定されたのは後世の人々だけではない。奴隷、女性、外国人もまた、その機会を奪われていた。彼らは、排除された者であり、その法や秩序を自らに与えていないにもかかわらずそれに従わなければならない人々であると言える (Benhabib, 1994a)。

17 メタファーの持つ力についてのアーレントの理解として、対馬, 2008 を参照されたい。

18 『精神の生活』第2巻は、過去に規範を求める「もどかしい (frustrating)」態度の「オルタナティブ」として聖アウグスティヌスの出生の概念があげられつつ、そこで終わってしまっている。アーレントは、続きを書くことなく死去したので、ここで彼女の語りは途絶えてしまっているが、『カント判断力の講義』がその書かれなかった第3部の概要を伝えるのではないかとアーレント研究者の間では考えられている。ただし、それによっ

て絶対的始まりと相対的始まり、創造と復古、あるいはギリシア的なものとローマ的なものとの緊張関係が解消されるのかどうかは、解釈が別れるところであろう。

19　もっとも、この用法は、必ずしもアーレントの著作の中で一貫しているわけではない。Arendt, 1968a, 14, 241-242; 1978b, I, 186-89 を参照していただきたい。

20　この引用の全文は次のようなものである。「真理ではなく、意見において、私たちの思考は真に散漫 (discursive) です。あるひとつの場所から他の場所へと、世界の一部分から他の部分へとかけ回り、相争うあらゆる種類の見解を通り抜けて、ようやく最後にこれらの特殊性から、不偏不党の何らかの一般性へと登りつめるのです」(Arendt, 1968a, 242)。また、Arendt, 1968b, 8-9=1986, 18-19 も参照して欲しい。

21　散文的という表現については、故古茂田茂教授（一橋大学）の示唆を頂いた。

22　アーレントの博士論文『聖アウグスティヌスの愛の概念』では、「諸々の極めて異なる思想や理論」を繋ぐものとして、「著者のたったひとつの問いかけ」が位置づけられている (Arendt, 1929, 2=2002, 3; 1996b, 4)。

23　この聖アウグスティヌス理解及びアーレントの意志概念、特にルソーの「葛藤する自己」に関する見解について、阿部里加氏から貴重なご教示を賜った。ここで記して感謝したい。

第3章　死と昏睡の後に
——古代・中世・近世を貫く公共性の変容

> 政府の関係者であると誰もが感じていること。
> 1年に1回の選挙の日だけでなく、毎日不断に[1]。

はじめに

　『歴史の終わり』の著者であるフランシス・フクヤマ氏が、2012年1月号の「フォーリン・アフェアーズ」誌で自由民主主義の危機を論じたのは興味深い。このタカ派の論客は、かつてその勝利を高らかに宣言した自由民主主義が今や、危機に瀕していると主張している。なぜなら近年の新自由主義は、国内の格差を広げ、古来より民主主義の必要条件とされてきた安定的中間層を破壊しているからだ（Fukuyama, 2012）。
　フクヤマ氏の指摘を待つまでもなく、先進国の状況は厳しいものである。こうした状況で市民の積極的な政治参加や協働の形態としての、公共性に期待を寄せることは、あまりにも正当で、しかし途方もなく理想主義的に思える。これまで何人の理論家や知識人、政治活動家が、公共性と民主主義の必要について語ってきただろうか。そのうち何人が挫折を味わい、世間の冷たい無関心に突き当たったのだろうか。
　それでも本章では、今日の危機の様態を見据えるために、アーレントの公共性についてのナラティブを追う。アーレントは、古代ギリシアに始まる西洋文明の歴史の中で、ポリスでひとつの頂点を迎えた公

共性が、幾度もの復興を経験しながらも遠景に退いていった道筋を辿る中で、それがなぜ、我々にとって重要なのかを解き明かそうとした。

本章では、アーレントの古代ギリシアのポリスについての描写を追い、また古代ローマ、中世キリスト教世界の展開を経て近代社会が産声を上げる中で、ポリス的な公共性が棄却され、歪曲され、忘却されていったという分析を跡づける。そしてさらに、20世紀に焦点を移し、特に現れと言論という2つの観点から、公共性の多層的な衰退についての分析を見る[2]。

1. ポリスと言論

公共性を支える「公的なるもの」(the public)とは何かについて、アーレントは次のように説明している。まず、それは、私的領域の秘密性、非公開性と対照的に、公開性、「現れ」を本質とする領域である。そこでは、「すべてが万人によって見られ、聞かれる」(Arendt 1958a, 50)。私的な生活領域の中に置かれた人間は、その「頑強な明るい光」、「容赦なく明るく照らし出す光」によって他者に姿を晒すことになる (Arendt, 1958a, 51)。第2に、公的なるものとは、共通性を意味する。家庭の私的領域が、「自分のこと」について配慮する領域であったのに対し、公的領域とは、「共通」あるいは「共同のこと」に配慮する場であった (Arendt, 1958a, 52-53)。

アーレントが理想視するポリスの公的領域は、より具体的には、次のような場であった。第1に、そこで人は、自己の「ユニークさ」や「卓越」を示す。行為することによって、「不死の名声」を獲得するチャンスが得られる (Arendt, 1958a, 17-21, 178-183, 197-198)。ポリスは、個体の生命の空虚さに対する古代ギリシア人の解決策であった。生命の「空虚

さ」から人を守り、人の相対的な永続性あるいは不死性のために確保されたのが、記憶の空間としてのポリスである (Arendt, 1958a, 55-56)。

ポリスの公的領域は、第2に、言論の空間であった。「言論と行為は同時的であり、同等にして、同格、同種」であった (Arendt, 1958a, 26)。古代ギリシアにおいて、奴隷と野蛮人 (外国人) が「*aneu logou* すなわち言論を欠いていた」というのは、彼らが言語能力のみならず、「言論が、そして言論だけが意味を持ち、全市民の中心的関心が互いに語りあうことにあったような生活様式を奪われていた」ことをも意味した (Arendt, 1958a, 27)。ポリスは「語り」に溢れた国家であった。「ポリスで生活するということは、力と暴力によらず、すべてが言葉と説得によって決定される」ことを意味したのである (Arendt, 1958a, 26)。

この最後の点は、人間を「ポリス的な動物」、さらに「言葉を操ることのできる存在」とした古代ギリシアの哲学者、アリストテレスの定義に裏打ちされていると、アーレントは伝えている (Arendt, 1958a, 27)。

2. 長い忘却

ところがポリスの公的領域は、偉大な公共性の伝統の始まりにして、既にその終わりを示唆していた。ポリスの崩壊を転機に、公共性の衰退が進むことになる。これは、一見妥当と思われる、古代ローマの哲学者による、「ポリス的な動物」という語の「社会的動物」への翻訳から窺い知ることができるという (Arendt, 1958a, 23)。古代ギリシアのリアリティを喪失したローマの哲学者は、ポリスの輝ける公的領域に対し「社会的」という語を当てた。この小さな誤解は、さらに「ヒトの社会」という概念にまで発展した時、元のギリシア的な意味を完全に失ったという (Arendt, 1958a, 24)。ギリシア的な感性では、人は仲間と共同生活

を営んでいるというだけでは必ずしも人間的とはいえない。単なる共同生活は、むしろ、人が他の社会的動物——群れをなして生活する諸動物——と共有する何かである。こうした貴重な洞察は、「自然のまま」の人の交わりに人間性を見出す思想に取ってかわられた。このことは、「政治に関する元来のギリシア的な理解」がどれほど失われてしまったかということを、どんな精緻な理論よりも明快に示しているという(Arendt, 1958a, 23)。

キリスト教の無世界性

　アーレントの考えでは、ヨーロッパでは、中世以降、公的なるものの現象は闇の中に閉ざされることになるが、この展開においてキリスト教が果たした役割は大きい。人は元来、互いを結びつけると同時に差異化することを可能にするような場——公的領域のような場——を必要とする。キリスト教は、ある意味、この必要を満たそうとした。キリスト教は、「共通世界に対する関心を失ってしまい、自分たちはもはや共通世界によって結ばれてもいなければ、分離されてもいないと感じていた人々」を相互に結びつける絆を提供した。この絆とは、同胞愛の思想に表される。同胞愛は、愛とは違って「世界と同様に、何か人々の間にあるようなもの」である (Arendt, 1958a, 52-53 圏点は筆者による)[3]。

　けれどもキリスト教は、究極的に「無世界性」という思想に依拠していた。キリスト教では、世界そのものは破滅の運命にあり、むしろ個体の生命こそが永遠とみなされた。よってキリスト教徒は、この世界において人々の行いを記憶しようとはせず、ただ神の国を待ち続ける。世界は記憶のための場となることはなかったのである (Arendt, 1958a, 34, 53-54)。

古代ローマ帝国の滅亡は、キリスト教の勃興という出来事と共に、西洋史における公共性の喪失という大きな物語を創る。アーレントによると、ポリスの公的領域は、世界の永続性という前提の上に成立していた。世界こそが永続的であり、「私」の行為の栄光を記憶してくれると考えられた。世界は、「私たちがやってくる前から既に存在し、私たちの短い一生の後にも存続する」ものであると信じられていた (Arendt, 1958a, 55)。ところが、ローマ帝国の没落により人間の創り出したものは不死ではあり得ないということがあからさまになる。そして現世における不死への努力は虚しいものと感じられるようになり、「永遠なる個体の生命」を説くキリスト教の福音が、西洋人の排他的な宗教としての地位を占めるに至る (Arendt, 1958a, 21)。古代ローマ文明と共に姿を消したのは、世界（国家）の持続性に対する信頼であり、それによって初めて可能になる、不死への努力であった。これは、ポリスでの現れに代表される活動的生活にかわって、観照的生活が、人々にとって優位を占めるようになったことをも意味するとアーレントは述べる。ローマ帝国の没落とキリスト教の台頭は、彼女の語りの中で何とも悲しげなトーンで語られるのだ。

これらの2つの事件によって、「活動的生活」と政治的生活は、完全に観照の付属品としての地位に貶められたので、近代になって世俗的領域が勃興し、行為と観照の間の伝統的なヒエラルヒーが転倒されたにもかかわらず、もともと「活動的生活」を鼓舞するものでありその中核でもあった不死への努力を忘却の中から救い出すことはできなかった (Arendt, 1958a, 21 圏点は筆者による)。

3. 現れる生命過程

　近代になると、人間の諸活動に新しい地平を開く一連の出来事が起きる。それらは、世界を操作可能な対象とみなし、自分の課す尺度に基づいて把握・利用しようとする〈工作人〉(仕事を行う人) によって主導された (Arendt, 1958a, 248-257)。17世紀の科学革命である。アーレントはそれを、人間が近代の大革命の衝撃によって観照の静寂から目を醒まされて、古代ギリシア的な共通世界に投げ返されたのではなく、代わりに新たな領域としての自分自身に投げ返された経験であると理解している (Arendt, 1958a, 253-254)。「近代人は、来世を失った時、自分自身に投げ返されるだけで、世界に投げ返されることはなかった」(Arendt, 1958a, 320)。地球の外部に存在して、その操作を可能にするようなアルキメデスの点を、自分自身の中に移すという巧妙な技をやってのけたのが〈工作人〉としての近代人である (Arendt, 1958a, 257-268, 284, 287)。彼らは「それまで想像すらしなかったほどの器用さ」で、地球全体の収用を可能にする目ざましい科学の向上をもたらしたが、その特徴的な態度とは「世界そのものの手段化」と「生産性および道具に対する信頼」であり、「手段と目的のカテゴリーはあらゆるものに適用でき……あらゆる問題はすべて、解決することができる」という信念、「与えられた一切のものを材料とみなし、自然全体を『縫い直すために好きなだけ切り取ることができる無限の生地』とみなす」姿勢、「知恵とはすなわち発明である」とする考えである (Arendt, 1958a, 305)。

　もっとも、近代を複数の質的に異なる時間軸へと分類するアーレントの世界史観では、この〈工作人〉の支配は、驚くべきすばやさで、労働の支配に取って代わられたという。近代人の想像力は、〈工作人〉の奉じる目的と手段というカテゴリーに収まることなく、そのもの

を「自然と歴史という、2つの超人的な包括的過程の一部分」とみなす新しい思考法に到達したのだ (Arendt, 1958a, 307)。この近代から産み落とされた過程の概念は、あらゆるものを相対化し、およそ人間のなすことすべてを、巨大なプロセスの一部に矮小化するものである。こうした展開の中で、生命の過程である労働を存立基盤とする「社会」が興隆するようになる。こうして、〈工作人〉は敗北する (Arendt, 1958a, 306-313)。労働、仕事、行為というアーレントの活動力の三分法において、労働——アーレントは、労働する存在としての人間を、しばしば「労働する動物」と呼ぶ——は、最終的な勝利を収め、生命そのものが、究極的な価値を有するとみなされるようになった (Arendt, 1958a, 313-320)。そして生命過程は、その勢力圏を常に拡張しながら、本来はその外部に存した美や徳の領域を次々と蹂躙していく。生命が無制限に触手を伸ばした先に帰結するのは、ある種のニヒリズムであるという。

> そして生命過程の絶えず増大する欲望——その力強い生命力はもはや労働する肉体の骨折りや労苦には費やされず、消費によって使い果たされなければならない——を満たすだけの消費財は存在しないのであるから、あたかも生命そのものが、生命のために存在するのではないような事物にまで触手を伸ばして、自らを満足させているかのようである。……消費者社会があらゆる対象に向ける時の中心的な態度である、消費という態度は、それが触れるものをことごとく無に帰してしまう (Arendt, 1968a, 211=1994, 285)。

ここで、「社会」についての議論に目を向けよう。「社会」あるいは「社会的なるもの」とは、生命の必要や種の生存にかかわる問題への対処を集合的に行おうとする組織の出現を表している。近代国家は、アー

レントによると、経済学や統計学などの学問を駆使して人間の生命の管理を行おうとする、社会的なるものの現象である。アーレントにとってこれが由々しき事態であるのは、古代の思想において、「経済的」なもの、すなわち個体の生命と種の生存にかかわるものはすべて、定義上、非政治的な家族問題とみなされていたためである (Arendt, 1958a, 29-30)。近代国家では、「『家族 (*oikia*)』あるいは経済行動が公的領域に侵入してくると共に、家計と、かつては家族の私的領域に関連していたすべての問題が、『集団的』関心となった」(Arendt, 1958a, 33)。

　ここには、公共性の興味深い変質がある。それが完全な喪失とは言えないのは、卓越とユニークさへの関心が、そこにおいてまったくなくなってはいないからである。人は、本来なら隠すべき生命の過程である労働のプロセスを顕示することで、それらを示そうとし始めた。アーレントは言う。「社会的領域は、確かに、卓越を匿名化し、人それぞれの成果より人類の進歩〔という過程〕を強調したために、公的領域の内容を大きく変えた」。しかし、公的に行われる演技と卓越との関係を完全に消し去ることはできなかったのだ。私たちは、「公的に行う労働において卓越するようになったからである」(Arendt, 1958a, 49 強調点は筆者による)。ここには個別化や承認に対する、かくも強いエネルギーが見て取れよう。本来最も隠された活動力に属する労働を、人はますます他者の前に晒し始めたのである。

　ただし、社会というものが、差異化ではなく画一化の原理を基礎とし、生命過程をそのモデルとしている以上、こうした努力は壁に突き当たり、その挫折と葛藤は人を虚無的にもする。社会では、人は所詮、種という生命過程の一部、未来に生命を複製して消えて行く卑小な存在者にされてしまう。人間のユニークさに対する信念が崩壊した世界では、卓越への試みが実際に成功することはない。「もし世界が

その実行にふさわしい空間〔である公的領域〕を与えないなら、いかなる活動力も卓越を示すことはできない」と、アーレントは書いている (Arendt, 1958a, 49)。

アーレントの主張を整理すると、社会は公的領域が原型をとどめないほどに歪められ、棄却された様態として理解できるのである。

4. アメリカ合衆国

これまで『人間の条件』を中心として、ポリス後の世界の展開を見てきたが、次に、アーレントの20世紀半ばのアメリカを中心とした現代社会の分析に目を移してみたい。

(1) 2つの公共性——現れと言論

古代ギリシアのポリスの公的領域をモデルとしたアーレントの公共性についての議論には、2つのポイントがあったことは、上で確認した通りである。第1は、「現れ」をつうじて、不死への努力が行われたということである。直接参加の政治の場でもあったポリスの公的領域は、市民が他人の間に自らを晒して、卓越を示すことを促す場でもあった。仲間に見られ、聞かれるパフォーマンスをつうじて、人は、不死の名声を追求することができた。

第2は、言論（ロゴス）に対して与えられた高い地位である[4]。ポリスでは「言論だけが意味を持ち、全市民の中心的関心が互いに語りあうことにある」ような光景が広がっていた。

言論に対して与えられた、このような地位を強調するために、ここで文化的な公共性という語を示してみたい[5]。文化的な公共性は、さ

まざまな共通の（あるいは、共通たり得る）問題について語りあい、意見を述べ、他者の共感や同意を得られるような言葉の織物を作ることに大きな価値を見出す。こうした意味での文化的な公共性は、アーレントによれば、古代ローマにも存在した。古代ローマ人にとって、文化という現象は、絶え間のない言論によって世界を人間化する実践を意味する。今日、我々の社会で、文化という言葉はいろいろな意味で使われるが、アーレントの主張では、文化とはそもそも古代ローマ人の行ったような言論による世界の人間化を意味するのであり、言論を尊重しない文化というのはそもそも文化の名に価しない。言論の不在は、むしろ野蛮――文化の不在――を意味したのである。古代ローマでは世界を構成する物たちについて語りあい、配慮し、気配りし、細心の注意を払うような、そのような態度が人間であることの証であり人間性を意味したことを、アーレントは流暢に伝える。古代ローマの文化の中心には、常に言論があったのであり、彼らは語りあうことで世界をよりいっそう豊かで、堅固なものにしようと試みた。ローマ人は、世界について語りあうことで世界を保護しようと考えたのである。

　第1の意味での公共性は、この第2の意味での文化的公共性の存在を前提としていることは明らかだろう。いわゆる衆愚政治、愚民政治という考えは、社会の成員である人々が十分な言語能力を持たない場所で、彼らに現れの力だけを与えた時に生じる。現れの空間は「闘技的(アゴーナル)」な要素を持っているかもしれないが、それは沈黙の空間でも、まして暴力の空間でもなく、言葉をめぐる闘争で満たされているべきなのである。

　アーレントはこの2つの次元で、公共性の衰退が見いだされることを、そのアメリカ論において鮮やかに示していく。

(2) 秘匿を奨励する代表制民主主義

　第1の点から見てみよう。アーレントによれば公的領域は、人が他者の間に現れることを許す場であった。永遠に続くようにみえる、家庭での単調で反復的な生命過程から逃避し、また家庭では主人として、つまり「一者」として君臨せざるを得なかった人は、公的領域での「現れ」をつうじて、多者の間へと入ってゆく。古代ギリシアの民主主義は、アゴラ（広場）での対等な人間関係——そしてそれが織り成す友情——という経験に基づいていた。対照的に、近代の代表制民主主義は人を暗闇の中へと退けるものである。自由の行使は、ほぼ全面的に投票行為に、つまり人が他人の間に現れないように配慮した投票ブースでの操作に委ねられる[6]。人には、他者と共にある空間が用意されていない。彼らに用意されるのは社会的な領域であるが、これまで指摘してきた通り、それが公的領域の代替物になることはない。

　ところで、代表制が古代ギリシアにおいては非民主的な制度とみなされていたことは、よく指摘される。アリストテレスの『政治学』には、次のように書かれている。「私が言おうとしているのは、行政の長たちがクジで選出される仕組みは民主制に属し、選挙される仕組みは寡頭制に属するということである」(Aristotle, 1995, IV, 9, 1294b)[7]。代表制は、選挙により選ばれた少数者に、現れを委ねるやり方である。これらの少数者は、建前としては優れた知性や判断力を有するが、現実としてはせいぜい財産や生まれに秀でているだけである。仮に建前通りに優れていたとしても、それが多数者の支配ではなく、少数者の支配であることに変わりはない。古代ギリシアの民主的なポリスが、「政治的な代表の概念を知らなかった」のは、こうした理由による (Finley, 1985)[8]。

　代表制民主主義においては、人に任されているのは、代表者を選ぶ

ことである。そこには、投票を行う大多数の人は、公的な現れにふさわしくないという含意がある。もちろん、代表者を単なる代理人あるいは代弁者とみなす、民主的な委任統治の立場が存在する。この場合、代表者はその「有給代理人」として行動することになる (Arendt, 1965b, 237=1995, 382)。

アーレントは、より現実に近いのは前者のケースであるとしている。市民全員が平等者の中に自らを投じた古代ギリシアの公的領域とは異なり、現代の市民は、無力感から自分たちの抱える問題について真剣に考えることをやめる。そして代表者は、仮に市民の考えを議会で代弁しようとしても、それがいったい何なのか、考え自体がそもそもあるのかを知らない。20世紀のアメリカ社会は、「公的自由の死の前兆である昏睡状態 (lethargy)」を露呈している (Arendt, 1965b, 237-238=1995, 383)。自分たちの支配者あるいは主人を選ぶ権利を与えられ、自ら支配者たる権利を剥奪されたのである (1965b, 235=1995, 379)。『革命について』にちりばめられたのは、この現代アメリカへの憂いである。

> アメリカ革命は確かに人々に自由を与えはしたけれども、この自由を行使することのできる空間を与えられなかった……。憲法そのものが、人民自身にではなく、人民の代表たちにのみ公的空間を与えていた。だからその〔政治の〕メカニズムは、人民が昏睡状態に陥り、公的事柄に対して無関心になるのを防ぐことができなかったのだ (Arendt 1965b, 235, 239=1995, 379, 384)[9]。

現実は、代表制民主主義の理念である、間接的な自己統治からは遠く離れているのである (Arendt, 1965b, 236)。

もっとも平等者として自己を挿入することを許された人々、現れの

空間にいるはずの議員たちも、労働を最高の価値とする社会では、自由を奪われざるを得ない。彼らは、膨大な数の大衆の福祉をどうやって維持するかという行政の問題に苦慮する (Arendt, 1965b, 237, 272-274; 1958a, 45)。生命過程の充足という、まさに労苦に満ちた (laborious) 仕事が彼らを待ち受けている。この仕事には、「社会」についての諸科学としての社会科学が有用である。人間をある単一、画一的な利益を持つ、法則的に行動する存在とみなし、その巨大な量に対処できるモデルやルーティンを開発する科学である。このような科学への依拠は、アーレントにとって、議員たちをむしろ不自由な「専門家（エキスパート）」や「科学者」へと転落させるものである (Arendt, 1965b, 237=1995, 382-383)。

(3) 娯楽、消費、文化

もうひとつの意味での公共性の劣化も、深刻な問題である。アーレントがここで問題視するのは、今日の社会を特徴づけるあらゆるものの消費化・生命過程化により、人々の言論実践が大幅に低下しているということである。

第1の政治参加の次元における公共性の衰退が、行為者 (acting being) としての人にかかわるものであるとすれば、第2の文化的次元での公共性の衰退は、言論者 (speaking being) としての人間にかかわるものである。アーレントは、20世紀のアメリカにおける娯楽（エンターテイメント）産業の台頭に注意しながら、アメリカ人の間の消費生活の膨張に警鐘を鳴らす (Arendt, 1968a, 197-226)。アメリカ人が住んでいるのは消費者社会、つまり娯楽（エンターテイメント）を中心とする社会である。自由な時間は、そこでは自己完成や社会的地位の獲得のためには費やされず、「ますます多くの消費、ますます多くの娯楽」のために使われる (Arendt, 1968a, 211=1994,

284)。彼らは、もはや互いの間にある世界——そこにある美しく愛しい物たち——について語らない。芸術作品すらも、既に解説が付され、便利にも茶の間に届けられた複製品として、孤独な消費の対象にする。彼らは、自立的な批評家や評論家ではなく、ただの聴衆である。真正な芸術作品の運命に対する無慈悲なまでの無関心と冷酷さを備えた存在なのである。

　ここで、消費者社会における芸術の運命についてのアーレントの考えを紹介させてほしい。芸術作品は本来、人々による保存——「語り」による保存、あるいは「語り」によるその価値の維持や普及——の対象であった。その優れた、時を越えた耐久力は、記憶の場として、同じような耐久力を期待される公的領域の象徴であった。ところが今日、芸術作品は、永遠に続くように見える日々の生活の憂さ晴らしとして、あるいは退屈しのぎとして、貪り食うための対象となっている。飽きたら別の作品を求め、それも飽きたらまた別の作品を、というふうに、次から次へと欲求充足の対象にされてゆく。これによって、芸術作品は、永久不滅の価値を持つ事物、生命過程に抵抗する力によってその力を発揮するという意味での諸物 (things) であることをやめる (Arendt, 1968a, 205-206=1994, 277)。

　　娯楽産業の生産する商品とは……消費財であり、他のあらゆる消
　　費財と全く同じように使い果たされてしまう運命にある (Arendt,
　　1968a, 205-206=1994, 277)。

　ここでアーレントは、絶対主義時代のヨーロッパの宮廷社会に起源を有する、18世紀から19世紀の社会と、20世紀の大衆社会とを区別する。宮廷社会は、文化的な事物をさまざまに乱用したが、それを

第3章　死と昏睡の後に　89

消費はしなかった (Arendt, 1968a, 205=1994, 276)。これに対し大衆社会は、その「物質代謝の循環(メタボリズム)」にあらゆるものを貪欲に引き入れようとする生物的過程によって、文化物を文字通り「消費し、食い尽くし、破壊し」ている (Arendt, 1968a, 207=1994, .279)。

　もっともここで、大衆を堕落と破壊の元凶であるかのように言うのは的外れであると、アーレントは付け加える。誰もが娯楽を必要としているのは事実であり、「生命の偉大なる循環」から逃れることのできる人はいない (Arendt, 1968a, 206=1994, 278)。問題はむしろ、教育関係者と知識人、そしてマス・メディア関係者にある。彼らは、絵画を単に複製したり大量販売したりするのではなく、オリジナルを積極的に変更あるいは歪曲することで、文化と教養を生産する (Arendt, 1968a, 206-208=1994, 278-279)。えせ文化人は、適当な材料を求めて「過去と現在の全域」にわたり文化を荒らし、破壊して回っている (Arendt, 1968a, 207=1994, 278)。アーレントの見方では、オリジナルを「書き換えたり、短縮したり、ダイジェストにしたり、俗っぽい作品へとおとしめたり」する行為は、単なる消費よりも深刻に文化に働きかけて、原形をとどめないレベルにまでそれを歪めて、オリジナルの喪失を決定的にする (Arendt, 1968a, 207=1994, 279)。

> 文化の存続という問題に関する限り、文化を脅かすのは確実に、空虚な時間を娯楽によって埋めている人々よりも、自身の社会的地位を高めようとしてその時間をいい加減な教育的装置で充たしている人々である (Arendt, 1968a, 206-207=1994, 278)。

　諸物からなる世界を愛し、それらの「保守的な配慮」に基づいて諸物を観察し判断する態度の手本は、古代ローマの人間性(フマニタス)の理想に

表れている。アーレントは「文化の危機」の重要な箇所で、文化も人間主義(ヒューマニズム)も古代ローマに起源を持つと指摘する (Arendt, 1968a, 224=1994, 303)。古代ローマの人間主義は、世界の事物を気遣い、保存し、賞賛する術を知っている態度を意味する、文化的精神 (*cultura animi*) と結びついている (Arendt, 1968a, 225=1994, 305)。

> 我々は、ローマ人——我々が現在しているような仕方で真剣に文化を捉えた最初の人々——が、教養ある人物とはどのような人であらねばならぬと考えたかを想起できよう。現在であれ過去であれ、複数の人々、事物、そして思想の中から、自らの友とすべきものを選択する術を知っている人こそが、ローマ人が考えた文化人に他ならない (Arendt, 1968a, 226=1994, 306)。

共通の話題について、果てしなく語りあうことで生じる絶え間のない言論の連鎖が、世界と物、そして文化を維持する。こうした言論は、ある物が美しいか醜いかという美的判断や、善悪を問う道徳的判断を含む。これらによって世界を満たすことが、アーレントにとっての人間性を意味したことについては、既に述べた通りである。

(4)「失われた宝」はタウンシップだけではない

現代のアメリカにおいて、建国期の「革命的な伝統の宝」が失われたという、アーレントの有名な主張がある (Arendt, 1965b, 215-281)。この主張は、第一義的には、「公的自由」が革命後の時代において失われてしまったことを意味する。「革命的精神」を後の世代に継承することに「失敗」した建国の父へのアーレントの落胆は、前章で紹介した

通りである。18世紀後半に醸成されたアメリカの「革命的伝統」——それは、近代において、公的領域が姿を現した例のひとつである——は、後の世代に受け継がれることはなかった。タウンシップや立憲会議に凝縮された公共性の精神は、皮肉にもその最大の成果である憲法によって「死刑」を告げられたのだ (Arendt, 1965b, 239=1995, 385)。「タウンシップやタウンホール・ミーティングを憲法に取り入れなかった」こと、そして「彼〔ら〕の世代だけが『世界を再び始める』力を持っていたこと」への怒りを、現実に反映し損ねたのは、建国の父たち自身であった (Arendt, 1965b, 233, 236)。次のような文は、公共性喪失への哀歌として、「文化の危機」での現代アメリカ論と、『革命について』での「失敗」の物語とを繋ぐものである。

> この国におけるあらゆる政治行為の始原であり源泉であった区とタウンホール・ミーティングを憲法に織り込むことができず、それらにいわば死刑の宣告を与えたのは、まさに憲法の重みと、新しい政治体を創設する経験の巨大な重みのためであった。逆説的に響くかもしれないが、この国で革命的精神が死滅し始めたのは、実際、アメリカ革命の影響によるものだった。そして、結局アメリカ人を裏切りその最も誇るべき財産を強奪したのは、この彼らの最大の成果、アメリカ憲法そのものであった (1965b, 239=1995, 385)。

革命的背信行為による自由の喪失は、言論というレベルでも生じたと言わねばなるまい。タウンシップやタウンホール・ミーティングを憲法に取り入れなかったという政治面での「失敗」は、文化面では、言葉に大きな価値を見いだす、言論(ロゴス)の文化の衰退を意味する。

タウンシップやタウンホール・ミーティングが廃れた時、世を去っていったのは政治参加の伝統だけではない。言論に重きを置き、言論によって人が交わりアイデンティティを織り成していく慣習も、共に消えていったのだ。その先に現れたのが、娯楽を中心とした「労働者」の生活様式である。上で述べたように、アーレントによると、世界の持続性に関心を持たない文化は、文化の名に値しない。文化とは、世界の保存を主要な目的とする。したがって、現代のような娯楽産業を文化と呼ぶことは、語義矛盾である。それは、むしろ文化的なるものの凋落と頽廃を意味している。

要するにアーレントにとって、現代のアメリカがもはや公的領域の光で照らされていないというのは、そこで革命が起きていないとか、憲法がタウンホール・ミーティングを認めていないといったことだけを意味するのではない。

むしろ、かつてのような日常的な生活空間での言論行為が営まれていないということも、その重要な意味に含まれるのである。アーレントはアメリカのボランタリー・アソシエーション（自発的結社）に着目したが、それは日常の問題（公事）を、話しあいによって解決しようという側面を有していたからでもあった。アーレントにとって、この言論という次元での公共性の喪失は、革命後のアメリカが成したもうひとつの悲しい物語であった[10]。

おわりに——はじめは悲劇として、次は笑いとして

今日の世界では、さまざまな危機の存在が指摘される。経済の危機、金融の危機、社会的連帯の危機など、数え上げればきりがない程に多くの危機が生じているとされる。その背景には、社会主義を含む左派

の低迷があると、よく指摘される。マルチプルな危機が喧伝されつつ、真に抜本的な改革案はもはやないとも言われてきた。自由民主主義(リベラル・デモクラシー)が、デフォルトのイデオロギーであるならば大きな、構造的変化は望めない (Fukuyama, 2012)。

「はじめは悲劇として、次は笑い(茶番)として」は、G. W. F. ヘーゲルとカール・マルクスの洞見である (Marx, 1996)[11]。深い歴史意識に裏打ちされたこの言葉の上に立つと、しかし、公共性の物語では既に何回も笑いが演じられていることになる。見えるものは、いつも同じ光景である。それは、問題を克服し危機を打破する端緒を開くように思われる公共性の勃興と、滅亡の物語である (Arendt, 1965b, 255-281; 1972, 231-232)。ひょっとしたら、人はその光景にうんざりするかもしれない。いつも同じ劇を見ている観客のように、「退屈」し、「飽き飽き」するかもしれない (Arendt, 1978b, I, 95-96=1994, 112-113)。カントの『理論と実践に関する俗言』にあるように、「観客にとっては、一幕だけ見れば十分」なのだ (Arendt, 1978b, 95=1994, 112)。公共性を築く人は、こうした観客にとって同じ物語を繰り返し演じる愚か者であろう。しかし、その存在が「始まり」を保障されている人間は、いつでも、まるで初めてのことのように公共性への冒険に出かけるという (Arendt, 1972, 231-232)。フランス革命の失敗も、アメリカ革命の裏切りも、彼らを止めることはない。

そしてそれを見つめるアーレントにとっても、公共性への冒険は、毎回が新しいものであるべきだったに違いない。なぜなら観察者こそが、いつでも冒険を新しくするからである。新しさを創るのは出来事を綴り、その意味を書き伝える歴史家の方であると、アーレントは主張していた (Arendt, 1994, 388)[12]。

アーレントの観察は、公共性の喪失という暗い時代診断を下しつつ

も、我々を行為へと誘うものである。そこには、再度の公共性の到来を期待する、観察者の溢れんばかりの期待と、それを綴ろうとする直向きな態度がある。

〔注〕

1　1816年2月2日のジョセフ・C. カベル宛のトマス・ジェファーソンの手紙から引用した（Jefferson, 1999, 205）。
2　西洋における公共性の歴史としては、特に近代社会のブルジョワ的公共性の構造転換を扱ったユルゲン・ハーバーマスの有名な著作がある（Habermas, 1962=1989）。
3　愛については、本書第5章も参照されたい。
4　古代ギリシアにおける言論の位置づけについて、ジャン・ピエール・ヴェルナンは次のように指摘している。「ポリス制度の第1の特徴は、他のすべての権力手段に対する、言葉の徹底的な優越である。言葉は、最も重要な政治的道具、国家におけるあらゆる権威の鍵、他人に命令し支配するための手段となる。言葉の有するこの絶対的な力──ギリシア人は、この力を説得力の女神ペイトとして神格化する──は、ある種の宗教的儀式において唱えられる呪語や呪文に賦与される効力、あるいはまた王が厳かにテミスを宣告する時、その言葉に対して認められる価値を思わせるが、実はこれらとはまったく別種のものである。すなわちこの場合の言葉は、祭儀の際に唱えられる語、その場に適合した呪文ではなく、相対立した弁者間に戦われる論戦であり、討論、議論である。この言葉は公衆に向って、公衆を審判官として語られる。対立する議論の間の優劣は、最終的には挙手によって表示される公衆の意志によって決せられる。ひとりの弁者のそれぞれの演説の説得力を測り、いずれが他に優るかを判定するのは、このあくまで人意による選択なのである」。また、ヴェルナンによれば、ポリスの公共性は、共通性の保持、秘密の排除を意味した。「ポリスの第2の特徴は、社会生活上の最重要事項に対して与えられる、完全に公的な性格である。ポリスは、公的領域の成立によって初めて存在するといっても、過言ではない。ここで言う公的領域には、2つの異なった、しかし相切り離しえない意味がある。すなわちそれは、

一方では、個人的問題に対立するものとしての、市民共通の利害にかかわる分野を、他方では、秘密の方式に対立する、白日の下に置かれ万人が知ることのできる方法を意味する。このように公共性が強く要求される結果、元来バシレウスまたはアルケを保持するゲノスに独占された特権であった慣行、方式、知識のすべてが、徐々に集団全体のものとされ、万人の監視下に置かれるようになる。民主化と秘密の排除の方向に向うこの二重の運動は、知的分野に決定的影響を及ぼす。ギリシア文化の成立の過程は、当初戦士と祭司によって構成された貴族階級の専有物であった精神的世界が、ますます多くの人のものとなり、ついにはデモス全体のものとなっていく過程として把握できる……。政治的権威も知的権威も、もはや個人的あるいは宗教的な威信の力によって立つことはできず、弁証法的方法で自己の正当性を証明することが必要となる」(Vernant, 1962, 40-43＝1970, 47-149)。

「秘密の排除」は、公共性について考える上で重要なポイントであろう。独裁や全体主義も、メディアを用いた演説や大衆プロパガンダによって「公共性」を保持した、公開の、「劇（場）的」な政治であるかのように見られることがあるが、その極端な秘密主義と、非公開性への依存（秘密裁判など）は、上で述べた理念としての公共性に著しく反するものであろう。

5　勿論、アーレントの立場からすると、政治と文化の間にこのような区別を設けることは適切でないかもしれない。政治とは区別された、純粋なる文化の領域を見出すことは、古代ローマに立脚したアーレントの文化理解とは相容れない。政治と文化は、共に人間性の現象として分かち難く結ばれていたのである。これについて Canovan, 1994 も参照していただきたい。

6　古代の民主主義と近代のそれとの違いについて、Finley, 1985; Manin, 1997 を参照のこと。また、エリート主義的民主主義理論の古典として、Schumpeter, 1976 をあげておく。アメリカ革命における民主主義の変遷については Wood, 1969 が優れている。

7　またイソクラテスにも似たような記述がある (Isocrates, 1929, 153-154)。

8　古代ギリシアの直接民主制については Manin, 1996, 8-41; 村田・衣笠, 1989 も参照していただきたい。もちろん古代ギリシアのポリスで選挙がまったく行われていなかったわけではない。軍事や金融にかかわる行政

職は、選挙で選ばれていたし、アルコン（支配者の意）も一部の期間を除き選挙で選ばれ、再選が可能であった。ここでの力点は、選挙そのものがことに民主的な制度とはみなされていなかったことにある。

9 この文章や、第2章で取り上げた反復革命論でアーレントは、1787年11月13日のウィリアム・S. スミス宛のトマス・ジェファーソンの手紙を引用している。この手紙では、次のように書かれている。「しかしこのアナーキーがどこに存在するというのか。マサチューセッツの一例を除いて、どこにアナーキーなど存在したろうか。そしてかくも見事に行われる反乱は、歴史上他にあり得るものだろうか。動機については何も言うまい。動機は、邪悪さではなく無知にある。神は、こうした反乱なしに我々が20年間も過ごすことを禁じている。人々はいつでも、誰でも博識であることはできない。誤った知識を持った人々は、その誤解した諸事実の重要性に比例して、不満を抱くであろう。もし、彼らがこうした誤解を持ちながら沈黙しているなら、それはある種の昏睡状態であり、公的自由の死の前兆である。11年前に13州が独立した。この間、ただ1回の反乱があっただけである。そうすると1世紀半の間、各州1回ごとの反乱ということになる。1世紀半の間に反乱がなかった国などかつて存在した例があるだろうか。その規則が時折、人々は未だ抵抗の精神を保持しているという忠告を与えられないならば、どんな国が自由を守れるだろうか。人民に武器を持たせよ。矯正策は、事実を正しく与え、許し宥めることである。1世紀あるいは2世紀の間に失われた少数の人命は何を物語るか。自由の木は、時折愛国者と暴君の血で活気づかせられるべきである。それこそが自然の肥やしなのであるから」(Jefferson, 1999, 110 圏点は筆者による)。

10 アーレントは『革命について』で、創られては鎮圧され、また創られては鎮圧されてという過程を繰り返してきた市民の自発的評議会の歴史を、「不可思議で悲しい物語」と呼んでいる (Arendt, 1965b, 255)。

11 また、スラヴォイ・ジジェクの作品を参照されたい (Žižek, 2009, 1-8)。

12 アーレントは、「理解と政治（理解することの難しさ）」において、次のように述べている。「新しさは、歴史家の領域である。歴史家は、永遠に繰り返される事象にかかわる自然科学者とは違って、常に一度だけ起こる出来事を扱う」(Arendt, 1994, 388)。

第4章　劇場の政治とその含意

はじめに

　アーレントの政治思想は、行為あるいは行為者の概念を中心として構築されており、非行為者とりわけ、大衆として捉えられる人間の役割を周縁化しているとして非難されてきた。古参のアーレント研究者であるマーガレット・カノバンによると、アーレントの政治思想は、「高貴なる心魂を有する自由人たちの手による、小規模な貴族制」を支持するものである。そこでは「無知なる奴隷たち」の攻撃から自由な貴族的政治を守る必要が説かれる (Canovan, 1978, 14)。人間を自由な行為者と、不自由な「奴隷」たち ──「労働する動物」── とに二分することはしかし、現代的文脈においてはおよそ受け入れがたい出発点であると、多くの読者が考えてきた。非行為者に対し、よりポジティブな役割を見いだすような政治思想を、アーレントが構想したことはなかっただろうか。彼女は、ただ行為者を特権視していたのだろうか。観察者 (spectator) というあり方への、特に晩年になるにつれ高まる関心は、行為者中心的な政治像と、どのような緊張関係にあるか。
　本章では、アーレントの政治思想が、行為者を特権視し、非行為者を軽視する傾向を有することを認めつつも、そこにおいて非行為者が完全に無視されていることはないと主張する。実のところ、アーレントのテクストが示唆するのは、行為者が、非行為者の注意や関心を得

ようとするような、行為者—非行為者間の特殊な関係のあり方である。行為者は、自らの考えや行動を公開することで、非行為者の注意を引きつけ、非行為者を政治的・道徳的判断へと誘う。行為者の誘いに応じるようにして、観察者が立ち現れる。出来事を「共感」もしくは「公平さから生じる喜び」で眺め、判断する観察者である。

以下では、まずアーレントの政治思想における行為者の問題について見る。次に、1960年代のアメリカの市民的不服従と学生運動についての彼女の理解を土台として、政治をある種の劇場として、つまり行為者と聴衆との間に現れる、ある劇場的な空間として捉える見方を提示する。そして観察者の概念に注目しながら、アーレントの公的領域を縦断する、行為者と観察者とのせめぎあいを浮かび上がらせる。

1. 非行為者の問題

政治を自由の現れる場とみなし、自由としての政治こそを、権力の真なる源泉であると主張する。こうした立場は、アーレントをユートピア的な思想家や徹底的な民主主義者とする解釈の普及に一役買ってきた (Canovan, 1978; Habermas, 1976=1977; Isaac, 1998)。政治的権力を、人間の自由に反するものとしてではなく、むしろ自由と密接に結びついたものと考えることは、政治的リアリズムへのアンチテーゼでもある。言うまでもなく、政治的リアリズムの伝統において、権力とは、他人に自らの意志を強要すること、すなわち他人の行動を自身の好むように変化させる能力を指している (Habermas, 1976, 946-947=1997, 3-5)。マックス・ウェーバーによる有名な権力の定義は、ある社会関係の内部において、抵抗を排してまでも「自身の意志を貫徹」するすべての可能性に言及する (Habermas, 1976, 946-947=1997, 3-5 から引用)。アーレントによ

れば、我々は、権力を暴力と同等視することに慣れているが、これは、権力の本質を見誤るものである (Arendt, 1958a, 143-146)[1]。

自由とは、新しい何かを始めることであると、アーレントは述べる (Arendt, 1958a, 177-178, 184-187, 191-194, 230-236; 1968a, 166-169)。「政治にかかわる自由とは、前には存在しなかった何かを存在させること」、すなわちかつては「認識や想像の対象としてすら与えられず、よって厳密には知ることのできなかった何かを生じさせる」ことを意味する (Arendt, 1968a, 151)。この自由は、人間の誕生によって基礎づけられている。人が世界に生まれることは、とりもなおさず、世界に新しい何かをもたらすことであり、新しい始まりを作ることである。出生は人間を自然から切り離す、人間固有の「条件」である (Arendt, 1958a, 8-9, 96-100)。

政治における自由という意味では、自由は、人が新しい政府を樹立し、共同の新しい現実をもたらす行為によって出現する (Arendt, 1965b; 1968b, 9)。こうした行為は、「まったく自発的」に成される。いつでも、まるで史上初の試みであるかのように、「あたかもそのようなものはかつて存在したことがなかったかのように」、人々の自発性を拠り所にして新しい政府が世に誕生するのである (Arendt, 1972, 231-232)。

政治における権力の現象とは、こうして「ただ行為するのみならず、他者と共同して」行為する人間の自由の能力に結びつく (Arendt, 1972, 151-152)。権力は、暴力や支配、抑圧の現象ではない。これらは、むしろ権力の喪失を表すのだ (Arendt, 1958a, 189-190, 222-224; Markell 2006)。権力と支配とを同一視する、この態度をアーレントは「堕落」として批判し、その本源を遠く古代ギリシアのプラトンの政治哲学に見いだす (Arendt, 1958a, 30-32, 177, 189, 220-230; 1972, 142-155)。政治哲学は、あたかも、真正なる自由からの逃避を、その生誕の瞬間から企図していたといっても過言ではないということになろう。アーレントによれば、プラ

ンは、制作によって政治を置き換えようとした。しかし、アメリカ革命からマハトマ・ガンジーの非暴力運動に至る出来事はもういとつの、より真正なる自由と行為に基づく政治のあり方を我々に示すものでもある (Arendt, 1968a, 150-154; 1972, 76-81)。

　こうしたアーレントの語りが、人を勇気づけるものを持っていることは事実である。だがそこには、未完結なところもある。そのひとつが、自由と権力の政治行為に参加しない人々の存在についてである。先ほど触れたように、行為と自由は、自発性の現象とみなされる。自ら始め、行動しようとする人々の間にだけ成立するといってよい (Arendt 1958a; 1958b; 1965b)。そうしない人々は、そこから除外されてしまう。「政治から解放される自由」も、これまたひとつの自由なのであるとすらアーレントは述べている (Arendt, 1965, 279-280)。むしろ、政治の自由を確保するためには、生命に支配された人々の参加を拒むことすら必要かもしれないのだ。私的な利益と関心を守り、保障するどころか、それが洪水のごとく政治の領域に流れ込むことを阻止しようとするアーレントは、リベラルな政治モデルの転換を欲しているとも言える。守られ、保護されなければならないのは、個人の利益の領域ではなく、公的・政治的な領域である。そして公的・政治的な領域とは、行為することのない「労働者」のひしめく「必然性の海」に浮かんだ、危うく美しい自由の孤島なのである (Arendt, 1965b, 60, 276)。

2. 市民的不服従における行為者と観察者

　このように一見、エンパワーメントの政治思想という印象を与えながらも、非行為者の存在があたかも無視されても良いかのように描かれているところに、アーレントの政治思想の大きな問題があると指摘

されてきた。アーレントは、「財産と余暇を有するがゆえに、自由を愛し、政治に参加できる少数者」と、「貧困と悲惨に苦しみ、肉体の労苦がもたらす必要に常に従属し、それゆえに自由な政治にとっての脅威」となる「多数者」との間に、「明確な対比を設けてきた」(Canovan, 1978, 14)。「大衆への冷たい軽蔑」と「大衆の福利への無関心」は、彼女のエリート主義的偏見のなせる業であると憤る研究者は多い (Jay, 1978, 362-363; May, 1986, 84; Pitkin, 1994)。

確かに、労働者あるいは「労働する動物」は、自由な政治への脅威であり続けるのかもしれない。しかし、自由な行為者と不自由な非行為者との冷たい区別、そして非行為者の排除によって、アーレントの政治思想ができあがっているとみなすのは一面的である。アーレントの政治においては、実は、非行為者が重大な位置を占めていることを本章では示したい。

そこで、本章ではアーレントの市民的不服従についての論考と、彼女の政治思想における「劇」あるいは「劇場」の観念に注目する。1960年代の学生反乱、すなわち、公民権運動や反ベトナム運動の大学キャンパスでの広がりに、アーレントは大きな関心を払っていた。ヘルベルト・マルクーゼなどの進歩的な知識人と同じように、キャンパスでの運動の広がりに強く惹きつけられた彼女は、大西洋を隔てたドイツのカール・ヤスパースに対し、やや興奮気味に、次のように書き送っている。学生の運動は、「本当に、とても悦ばしいものです」。そこでは「皆が発言を許され、〔意見を〕聞いてもらうことができました……。学生が暴徒(モッブ)と化したことは一度もありません」(Arendt und Jaspers, 1985, 675-676=1992, 640-641)[2]。学生の行動は、アーレントが『革命について』の最終章で、半ば熱に浮かされたようなトーンで語った、革命的区制に匹敵するものである。「学生運動は……本当に正鵠を射た

ものです。もう、ジェファーソンに倣ってこう言うしかありません。*Ceterum censeo* つまり、皆が公共の事柄に参加できる、小共和国の区制もしくは評議会制(レーテ)を」(Arendt und Jaspers, 1985, 619=1992, 584)[3]。

アーレントが着目するのは、市民的不服従の劇場性である。「反論や革命的意見を、広く伝えるだけでなく、影響力を伴いながら全国へ、全世界へと知らしめる手段と方法」が登場したのは、「まったく新しい現象」であると、アーレントは述べている (Klein 1971, 131)。ここでは「思慮深い観察者」(Arendt 1975, 3) に対し、放送というメディアを通じて、公開の抗議活動が行われていた[4]。非行為者は、積極的に動員された。動員と言っても、活動家や革命家の予備軍としてではない。あくまで自立的な判断主体としてである。行為に直接に関与しない、あるいは関与することを求められない、中立的な観察者もしくはオブザーバー(スペクテーター)という階層が、ここで姿を現すことになる。実はアーレント自身が、自身は不参加であるにもかかわらず「共感」と共に事態の行方を見守る、理解ある観察者のひとりであった。彼女は、こう言ったという。「学生たちがデモをしています。私たちは皆、彼らの味方です」(Young-Bruehl, 1982, 416)[5]。

アーレントのテクストは、市民的不服従が、劇場的な構造において展開されることを示している。そこでは、行為者とは別に、観察する者たちの存在が、前提とされている。不服従を行う人は、「公衆の目」に敏感であった (Arendt, 1972, 75)。不服従をなす行為者は、自身が見られていることを知っていた。警察や政府のみならず、人々が、彼らを見ていた。法を破ったり、反抗したりする仕草は、それゆえ、公的な陳列や展示に耐えるものでなければならなかった。可視的であるがゆえに、見物人の理解を得られるような仕方で、行為が実演される必要があったのだ。この公開性こそが、市民的不服従の実践者を、「普通

の犯罪者」から分かつものである。両者は、法を犯すという意味では、共に犯罪者である。しかし、普通の犯罪者は、その犯罪行為に当たって公衆の目を避けようとする[6]。彼らは、犯罪を働いているところを目撃されたいとは考えない[7]。これに対し不服従の人は、むしろ積極的にその関心を惹きつけようとする (Arendt, 1972, 54, 75-76)。それは彼らが、自らの行っていることの正しさを信じており、啓蒙された意見の保持者や、関心を有する見物人の支持を得ることができると踏んでいたからである。『カント政治哲学の講義』で、アーレントは革命派の顕示欲について次のように述べていたが、その欲は不服従の実践者にも共通するものであったといえよう。

　　革命集団あるいは革命党派は、常に自分たちの目標を公共のものにしようとし、住民の重要な部分を自分たちの主張の下に結集させようとした (Arendt, 1982, 60)。

　イマニュエル・カントの公開性のテストと呼ばれるものを、ここで思い出したい。これによると、不正な行為は秘密性の原則を、正しい行為は公開性の原則を採用する (Arendt, 1972, 75-76; 1982, 39-44)。『永久平和のために』の第2付録で、カントは、「他者の権利にかかわる行動の原則が、公開するにはふさわしくない場合には、その行動はつねに不正である」と主張している[8]。カントによると、

　　私が口に出した瞬間にその意図が無に帰してしまうような原則、成功するためには秘密にしておかなければならないような原則、それを公表してしまうと、私の計画に対してあらゆる人が反対するような原則は、それ自体不正であり、すべての人を脅かすため

に、この必然的で普遍的、先験的に知ることができるような反対を引き起こすのである (Kant, 1991, 126 圏点は筆者による)。

　市民的不服従において、公開化に向けた戦略は重要な位置を占めていた。アーレントの政治思想は、「戦略的要素」を排除しているとユルゲン・ハーバーマスはかつて指摘したが (Habermas, 1976, 953-958=1977, 13-20; cf. Knauer, 1980)、市民的不服従についての議論では、政治的行為の「戦略的」あるいは「戦術的」関心に言及がされていることは、注目に値する。例えばガンジーは、非暴力的抵抗を「非常に強力で成功した戦略」に変えた。そして、彼に影響された市民的不服従の実践者は、「効果的な行動方法」はいかにあるべきかという「戦術」面での問題に注意したのだ (Arendt, 1958a, 201; 1972, 152)。

　1967年にニューヨークで行われた「シアター・フォー・アイディアズ」で、アーレントは、平和運動が非暴力の戦略を採ることの重要性を指摘している。あるパネリストがこう述べた。「暴力は、無党派層を敵に回し」てしまう。「反感を買うのではなく、反戦に向けて、中立派を引きつけ、巻き込まなければならない。この目的に対し、平和運動の参加者が行使する暴力は、深刻な『逆効果』を招く、戦術上の誤りであろう」(Klein, 1971, 122)。アーレントは、次のように答えた。このパネリストの「すべての発言に、まったく賛成です」と。さらにこう言っている。「アメリカの若者は、今や覚醒して、再び政治的動物となったのです」(Klein, 1971, 131)。

　ガンジーの非暴力運動やアメリカの1960年代の運動は、啓蒙された意見を有する見物人や世論を意識している点において、劇場的なものである[9]。アーレント（そしてカント）の「代表的思考」の説明にならって、こうした行為は、「不在」の権威に訴えるものだったとも言えよ

第4章　劇場の政治とその含意　105

う。アーレントが好んで引くガンジーのサティヤーグラハや、1960年代の学生運動について、こうした解釈は十分に可能であろう (Arendt, 1972, 203)。「代表的思考」とは、「不在」の何かを「(再)現前化」させることである (Arendt, 1968a, 220, 241; 1982, 43; 2003, 139-143)。カントの趣味判断の議論では、「『不在』である人々の立場を心に浮かべること、すなわちそれらの立場を表象」することが、代表的な思考の特質であるとアーレントは述べる (Arendt, 1968a, 219-224, 241; 1982, 65-67)。筆者が考えるには、「代表的思考」にアーレントが注目したことの意味とは、これによって彼女が、自身の政治思想において空白をなしていた非行為者の問題、あるいは政治における不在の問題に対処するための道を示したことにある。ここで不在なるものは、「アブジェクト」なものを指すのではなく、自立的な「精神の生活」を送る観察者の判断を指している (Moruzzi, 2000, 37-45; Arendt, 1978b, I; 1982)。

　アーレントはそもそも、政治を劇として捉えることが多かった。『人間の条件』や『革命について』では、行為者は、劇の演技者に似たものとして描かれる (Arendt, 1958a; 1965b)。そして、哲学者や歴史家は、しばしば観客の役割を与えられる (Arendt, 1978b; 1982)。例えば、フランス革命についての彼女の記述は、劇 (場) 的である。出来事を眺める観察者の目線に置いて、フランス革命が捉えられるという意においてである。「革命の意味」と題された第1章では、革命に参加することのなかった観察者、あるいは革命後の時代に生まれた世代にとっての革命の「意味」が探られている (Arendt, 1965b)[10]。

　こうしたアーレントの劇への関心は、市民的不服従の分析にも影響していると考えられる。マス・コミュニケーションの技術が発達した20世紀に生じた市民的不服従は、その行動が非行為者や「中立派」にも報道されるという点、つまり広く見られ、聞かれ、時には喝采され

るという点において劇(場)的なものであった[11]。行為者は、自身の行動がどう映って見えるかを意識するようになった。「歓呼する傍観者」、喝采する見物人を現れさせるために、行為者は「他者を先取りするコミュニケーション」によって、その可能な判断を予見しようとしたといえる (Arendt, 1968a, 220; 1982, 61)[12]。

3. 観察者の役割

このように、観察者あるいは傍観者としての非行為者は、アーレントの政治思想の中で、重要な役割を果たしている。そこで、ここで再びアーレントの著作へと立ち戻り、そこで示された有名な公的領域についての議論を見てみよう。公的領域は、そこに現れるものが他者によって見られ、聞かれることを前提としている点で観察者の存在を前提視している (Arendt, 1958a, 50)。アーレントによれば、公的であることとは、あるものが

> すべて万人によって見られ、聞かれ、可能な限り最も広く公示されるということを意味する。……私生活や親密さの中でだけ経験される事柄について語る時にはいつでも、私たちは、それらの事柄を、かつてはその激しさにもかかわらず決して得ることができなかったようなある種のリアリティを仮定するであろう領域へと、送り出しているのである (Arendt, 1958a, 50)。

アーレントは『人間の条件』で、さらに、「言葉と行為」による自己の世界への「挿入」は「他者の存在」に触発されたためであると述べる (Arendt, 1958a, 176-177)。行為者自身が「誰」であるかを露わにする、

第4章　劇場の政治とその含意　107

言葉と行為の「暴露的な性質」とは、言葉と行為が常に他者に対してある種の可視性、可聴性を保持していることを意味する (Arendt, 1968b, 10)。「言論と行為の暴露的性質は、人々が互いのために存在したり、互いに敵意を抱いたりしている時ではなく、他人と共にある時、すなわち真に人間的な共同性の内にある時に前面に浮かび上がる」と、アーレントは書いている (Arendt, 1958a, 180)。

　この中期の著作では、既に、観察者の営みに並々ならぬ関心が払われていることも注意すべきである (Arendt, 1958a, 57, 161, 235)。利己的で、「闘技的な精神(アゴーナル)」に溢れた行為者が発散する自己中心的な政治のイメージの反対側にあってそれを支えるのは、行為の意味を理解し、保存しようとする、行為しない観察者である。

　後にアーレントは、カントの助けを借りて、観察者とはどのような存在であるかを示そうとしている。彼女の死後に発表された『精神の生活』では、完了することのなかったその試みの成果として、観察者の生活について次のような記述が見られる。

> 行為する人が関心を抱いているのは、憶見 (*doxa*) である。この語は、名声と意見の両方を意味するが、それは、聴衆そして判定者 (judge) の意見からこそ、名声がやって来るからである。行為者にとっては、どう自身が他人の目に映るかということは重大なことであるが、観察する者にとっては、そうではない。行為者は、観察者の「私にはこう見える」(彼の *dokei moi* が、行為者に憶見をもたらす) に依存しているのであり、自身の主人ではない。彼は、カントが後に自律的と呼んだ者ではない。行為者は、観察者の期待に添って行動しなければならないのであり、最終的な成功と失敗の審判は、観察者の手中にある (Arendt, 1978b, I, 94 圏点は筆者による)。

観察者だけが「自律的」で、「物事が一体何であるか」を知っている。よって行為者は、観察者の判断に従おうとする (Arendt, 1978b, I, 93-94; 1982, 53-63)。そしてその観察者の判断を支えるのは、公平さ、非参加、拡大された心性の諸条件である (Arendt, 1982, 54-55)。

　公平さ、非参加、そして拡大された心性とは、いったい何か、彼女の説明を追ってみたい。公平さ (disinterestedness) とは、利害関心の欠如を意味する。観察者は、生命への関心や道徳への関心ではなく、世界に対する関心に基づいて事象を眺めやる (Arendt, 1968a, 222; 1968b, 6-7)。そこでは自己ではなく、世界が基準をなす。「世界こそが第1のものであって、人間すなわち人間の生命も自己も第1のものではない」ということだ (Arendt, 1968a, 222)。観察者は、公平でいることそれ自体に興味を持っており、彼あるいは彼女においては「直接的な関心」を抱かないことからこそ快がもたらされる (Arendt, 1982, 73-74)。

　非参加とは、観察者が一時的に、世界の事象への参加から退くことを意味する。ゲームへの直接的関与から一歩退いて、「ゲームの外」のある地点へと移動することは、その「あらゆる判断の必須条件 (condition sine qua non)」であるという (Arendt, 1982, 55; 1978b, I, 93)。この撤退は、哲学者の引きこもりとは異なり、「現象の世界を離れることなく」、ただ全体を見渡すために、ある「特権的な位置へと撤退する」ことを意味する (Arendt, 1978b, I, 94)。

　最後に、拡大された心性とは、「他者」の考えを考慮しながら思考することである。観察者は、孤独の内においてではなく、「共同体の一員」として事を眺めやる (Arendt, 1982, 72-77)。そこで観察者は、社会の共通感覚 (sensus communis) に訴える。私的感覚 (sensus privatus) から区別されたものとしての共通感覚に訴えることで、観察者は判断を下すの

であり、その判断の妥当性は、共通感覚への「可能的な訴え」によってもたらされる (Arendt, 1982, 72-77; 1968a, 220-224, 241-242)。

晩年の思想における観察者への関心によって、アーレントの行為者中心的な政治思想は、むしろ観察者中心のそれへと変化したように言われることがある (Beiner, 1982; Jay, 1997)[13]。アリストテレスの「観想的生活」や観照の「優越性」の主張が、彼女の思想において特権的な地位を占め始めるように見える。こうした変化は、確かにやや意外な帰結をもたらした。意味あるいは真理は、行為しない者に対してのみ開示されると、彼女は既に『人間の条件』などの著作で述べていたが、『カント政治哲学の講義』では、公的領域そのものが、「批評家」や「観察者」の領域とされる (Arendt, 1958a, 191-192, 233-234; 1994, 316-323; 1978b, I, 93-97; 1982, 55)。批評家や観察者は、出来事を公平さの喜びで眺め、「これは正しい」「これは誤っている」「これは美しい」「これは醜い」などの判断を下す (Arendt, 1971; 1978b; 1982, 63-74)。アーレントは言う。「カントは、〔天才と趣味の〕どちらがより『高い』能力かと問うわけです。……そして『どちらかが犠牲にされなければならないとしたら、それは天才の方である』と、カントは述べました」(Arendt, 1982, 62)。こうして『カント政治哲学の講義』では、観察者にいわば軍配が上がる。なぜなら、「正気な者であるなら、誰でも、見てくれる観察者が確かにいるのでなければ、見せ物を上演しようという気になることは決してないだろうから」である。見る人のいない世界は、「砂漠」である (Arendt, 1982, 62)。見せ物において重要なのは、それが観察者を目覚めさせることなのである (cf. Arendt, 1968b, 6-7)[14]。

観察者の判断は、常に行為者を歓呼し、意味を与える性質のものであるとは限らない。両者は不調和をきたすこともある。行為者と観察者の「衝突」に「終わりはない」という彼女のコメントが、それを告げ

るだろう (Arendt, 1982, 48, 59)。行為者と観察者との関係は、対立関係という局面を迎えることもあるということが、ここではほのめかされている[15]。

アーレントのテクストでは、他にも、行為者の未完性が示唆されている。例えば『人間の条件』で「創始者」と「追従者」(follower) とを区分し、前者のみで行為が完結すると考えることの誤りを指摘した箇所がそうである。また自由とは「非主権性」を意味するのであり、行為者は常に「他者の力」を必要とするという主張もある (Arendt, 1958a, 189-190, 220-221, 233-244; Markell, 2006)。

ここから言えることは、少なくとも行為者中心的な、一元的な政治像という図式では捉えきれない何かを、アーレントの思想が有しているということであろう。ダナ・ヴィラによれば、このことへの気づきは、「闘技的な、行為者中心モデルに潜む非政治的な推力を回避」することを意味する。劇場的な政治のモデルでは、行為の「開示的」な特性は、「判断の能力を行使する、討議する集団としての聴衆」に決定的な仕方で依存している (Villa, 1996, 107)。そしてこの聴衆は、複数者として捉えられる (Arendt, 1978, I, 21, 95-96; 1982, 63, 77; Jay, 1997; Bilsky, 2001a; 2001b, 276)。

おわりに

アーレントは、直接的な行為によってなる自由の領域を讃え、その領域にこそ真の権力が湧き上がるはずだと主張した。しかし、これにより非行為者が排除されたわけではない。それどころか、非行為者は、注視する観察者として、市民的不服従をモデルにした彼女の政治概念を支えている。ここでは政治的な行為者は、観察しながらも行為しな

い市民の関心と支持を得ようと試みるのである。

　アーレントによれば、行為者は、観察者を求める。そして観察者は、関心を保持しながら眺め、判断を下すことで、その求めに応じる。そこに現れる行為する人と、観察する人との間の「抗争」は (Arendt, 1982, 40-68)、公的に演じられる政治の劇の妙味であろう。

〔注〕
1　アーレントによるとチャールズ・ライト・ミルズにおいて、政治とはすべて、権力をめぐる闘争であり、究極的には権力は暴力に他ならず、ウェーバーにおいては、人間の人間に対する支配は、「正当な、つまり正当とみなされているような暴力の行使」に基づいている (Arendt, 1958a, 134-139)。
2　また Arendt and McCarthy, 1995, 247 も参照していただきたい。
3　ジャン・ジャック・ルソーの『社会契約論』が、フランス革命に影響を与えたことはよく指摘されるが、アーレントの『革命について』の最終章が、1960年代のアメリカで若者が行動を起こす時に影響力を及ぼしたということを、筆者はアメリカ留学中にジェイムズ・ミラー教授からうかがった。ミラー教授とその仲間は、大学のキャンパスで抗議運動に参加する際、アーレントの『革命について』を携えていたという。学生運動についてのミラー教授の回顧録でもあり、彼の民主主義観を示す書として、Miller, 1994 を参照されたい。ミラー教授は、この書の中では、1960年代の運動の背後にいたマスター・シンカーとして、『パワー・エリート』や『社会学的想像力』で知られるミルズをあげている (Miller, 1994, 79-88)。筆者は、ミラー教授が教鞭をとるニュースクール・フォア・ソーシャル・リサーチで教授の「古代と近代の民主主義」という授業を受講する機会に恵まれたが、そこで示された参加民主主義に対する教授の深い情熱と、特にアメリカ建国前の民主主義に関する深甚なる知識に感動した。アーレントの『革命について』の最終章を読み、論じあった充実した時間を、筆者は今も忘れることがない。ミラー教授に、ここで改めて感謝したい。
4　アーレントは、テレビの出現に強い関心を抱いていた。1960年のアメリカ大統領選挙での、有名なニクソン対ケネディのテレビ討論についての彼女のコメントを紹介しておきたい。ニューヨークのラジオ局 WBAI

の番組に出演したアーレントは、このテレビ討論の意義について、次のように説明している。「たばこの煙が立ちこめる部屋」での、政党間の秘密の話しあいが世の中を動かした時代は、もはや過ぎ去った。今や多くの無党派層が、候補者がテレビでどんなことを言い、どんな振る舞いをするかに関心を持っている。「政党から有権者へのパワーシフト」が起きているかもしれない（Scott, 1996 から引用）。

5　学生の抗議活動の様子を、アーレントは熱心に見守ったという（Young-Bruehl, 1982, 413-422）。この心性については、後にアーレントが『カント政治哲学の講義』において、カントの『諸学部の争い』を引用しながら次のように述べている箇所と照らしあわせて考えると面白い。フランス革命は、自身はこの劇に巻き込まれていない観客たちの心の内に、「熱狂に限りなく近い、参加への希望を見出す。その表明は、危険を伴っているため、この共感というのは、それ故、人類の道徳的素質以外の何かを原因とすることはあり得ない」（Arendt, 1982, 45）。

対照的なのは、アイヒマン裁判という「劇」の観客としてのアーレントの態度である（Arendt, 1968a, 3-20）。彼女は、ダヴィッド・ベン・グリオンを「見えざる舞台監督」とする、ユダヤ人の苦難についての見せ物としてのアイヒマン裁判には、まったく熱狂しない。彼女はむしろ、それを作られた芝居として退けていた。「熱狂」の概念については、Lyotard, 1986=1990; 1991=1994 も参照されたい。

アーレントは、自身を行為者や革命家ではなく、観察者か理論家とみなしていた。例えば Disch, 1994; Leonard, 1997 を参照。彼女は、特定の見解や理論を喧伝することには消極的だったようである。自分の教える学生に特定のイデオロギーや「理論」を教え込むことに、彼女は反対した。ただ自分の教えによって、学生の間に、行為することへのある種のコミットメントが芽生えることは願っていたようである（Arendt, 1979; Leonard, 1997, 323）。

6　『人間の条件』にも、犯罪者について似たような記述が見られる。『人間の条件』の24節では、自己が「誰であるか」を暴露する行為者の対極に位置する存在として、自己自身を「他者から隠さなければならない犯罪者」に言及がされている（Arendt, 1958a, 180）。

7　劇場型犯罪は、この理解をはずれる犯罪である。また最近では、ハッカー

第4章　劇場の政治とその含意　113

　　行為がこの種の犯罪行為として捉えられる。
8　カントは、この原理に立って反乱を不正としている。これに対しアーレントは、カントのこの判断は、クーデターについてのものであり、革命には当てはまらないと注意を促している。アーレントによれば、革命の活動に関するカントの非難は、「誤解」に基づいており、それは彼が革命をクーデターとして考えたために生じた誤解であった（Arendt, 1982, 60=1987, 92）。
9　加えて、1956年のハンガリー革命についてのアーレントの論考も、劇場的な政治モデルと、そこでのメディアの役割とを示唆するものである。「全体主義的帝国主義──ハンガリー革命についての省察」は、1958年に発表され、『全体主義の起原』の第2版に収録された。この論考でアーレントは、ハンガリー革命が、自身の声明文を流すためにブダペストのラジオ局に説得を試みた学生の行動によって勃発したことを我々に伝えている（Arendt, 1958b, 26）。この革命は、自らの見解を公表し、その意見を知らせることを最初から欲していた。この開かれた革命観と、参加者ではなく、観察者あるいは観客として革命を見た経験が、後のアーレントの『革命について』のトーンを決定したと考えられる。マーガレット・カノバンによると、ハンガリー革命によって、アーレントの関心は、古代ギリシアのポリスに代わる「政治的行為の新しいパラダイム」としての革命へと向かうことになった（Canovan, 1992, 14, 145）。
　　ハンガリー革命についてのアーレントの論考でもう1点興味深いのは、行為者と観察者との差異についての記述である。観察者は、行為者とは違って、よりマクロに眼前で繰り広げられる行為の意味を掴み取ろうとする。例えば、ハンガリー革命の「偉業が、その勝利や敗北には依存」せず、「その偉大さはそれが演じた悲劇の内に保障されている」とアーレントが述べている箇所は、後に、とりわけ晩年に際立ってくる、行為者と観察者の視点の「衝突」についての主張を思い出させる。観察者あるいは観客だけが、「全体を見渡すことのできる位置」にいる。行為者は、劇の一部であり、自分の役を演じなければならない。彼は、当然「偏った存在」である（Arendt, 1982, 55）。アーレントは、表面上は失敗した革命であっても、観察者にとっては、未来の進歩や変革に向けた序曲として認識され得ると考える。フランス革命が、人類に記憶されるべき「公的な出来事」とし

て、「世界史的意義」を有するようになったのは、「手助けする意図はまったく持っていない」にもかかわらず、共感しながら眺め続ける、部外者的な観察者の大興奮、「熱狂」のためであった (Arendt, 1982, 61)。アーレントの思想における、観察者と歴史家の概念について、さらに詳しくはBenhabib, 1994b; 1996b, 91-95; Disch, 1994; Jay, 1997 を参照されたい。

　ハンガリー革命についての論考は、本書の第1章や第5章の一部で扱う、『全体主義の起原』から『イェルサレムのアイヒマン』にかけてのアーレントの全体主義観の変化を理解する上でも重要である (McCarthy, 1970, 70)。全体主義という「一枚岩」に「ひび」は存在したのか (Friedrich, ed., 1954, 308-341)、「風穴を開ける」ことはできたのかという、きわめて重要で、今日的な問題についての考察は、別の機会に譲りたい。この問題は、全体主義の構成員に行為者性 (agency) を認めるかということとも関わる。ライオネル・アベルは、アーレントが『イェルサレムのアイヒマン』での「被害者を責める」記述において、ユダヤ人の行為者性を貶めたことは、アーレント自身の全体主義観を裏切るものであり、非一貫性の謗りを免れないとしている (Abel, 1963; cf. Arendt, 1965a, 125) これについては、本書の第1章の注9も参照していただきたい。

　エリザベス・ヤング・ブルーエルによると、アーレントは、対ナチスの抵抗運動と、アメリカの市民的不服従との間にある種の繋がりを見出していたようである (Young-Bruehl, 1982, 415-416)。

10　ところで、アイヒマン裁判についてのアーレントの記述も、劇(場)的である。『イェルサレムのアイヒマン――悪の陳腐さについての報告』の、特に第1章を参照されたい (Arendt, 1965a, 3-20)。法廷と歴史が、劇のメタファーで記述されている。

　もっともこの場合、法廷は、公開の法廷を意味するであろう。アーレントの法廷は、傍聴人によって「見られ、聞かれ」るだけでなく、傍聴席にいる記者などを通じて世界の公衆、世界の「観客」へと繋がれるべきものであったといえる。アーレント自身が、アイヒマン裁判の「レポーター」を務めていたことも興味深い事実である (本書第1章)。公的であることの定義については、本章第3節始めの引用文も参照していただきたい。

11　その意味では、フランス革命自体が、出版メディアの発達に後押しされた、ある種の「劇場」的な面を有していた。否、革命が革命として、そ

れに参加しない、多くの地理的に離れた人々の関心を同時的に引きつける現象は、フランス革命が元祖であったといえる（小谷, 2010, 52-53）。アーレントが、観客の概念を論じる際に、カントに依拠できるのも、カントが既に18世紀末のヨーロッパにおいて、高い「情報供給能力」を持つメディア化された世界に生きていたからである（小谷, 2010, 52-53）。

12 　近年では、アラブの春が世界のメディアと公衆の関心を引きつけた。これらの革命もまた、啓蒙された観客のまなざしに訴える劇場的な政治的企てだったのだろうか。この革命では、携帯電話で撮られた画像がネット空間を媒介して世界を駆け巡ることになったが、これらの画像や、ソーシャル・ネットワーク上に書き込まれたメッセージは、主として共同行為、すなわち革命あるいは抗議行動への参加の呼びかけと解釈できる。これに対し、アーレントが、革命の観客とは、単に拍手喝采しているだけで、実際に手助けする意図などまったくと言っていいほど持っていないと、語気を強めて書いていることは興味深い。なぜなら、こうした意味での冷めた観客が立ち現れることこそが、彼女にとって、「世界史的意義」を有する革命の特質であったからである（Arendt, 1982, 61）。

　ところで、公的に現れた言葉や行為の意味は、常に開かれており、その開始者としての行為者の意図を超えて広がるものである。アーレントが述べるように、「公的であること」とは、展示物が「あらゆる人に見られ、聞かれ」、そして「最大限に公開的」である可能性と結びついている（Arendt, 1958a, 50）。潜在的な行為者に向けて発信されたメッセージが、意図せざる結果として、観客を呼び覚ましたとしても不思議ではない。また逆に、それが思いがけないほどに多くの行為者を呼び起こしてしまうこともある。チュニジアから中東各地に飛び火したアラブの春が良い例だろう。

13 　多くの研究者が、アーレントの政治思想に（しばしば誤って）帰される「行為者中心性」と闘技性の問題点を指摘してきた。特に有益なのは Tsao, 2002a である。また、Benhabib, 1996b; Euben, 2000; Owens, 2007; Taminiaux, 2000; Villa, 1996 も参考になる。

14 　これは、互いが互いの観察者となるような世界だけでなく、もっぱら観察や判断を行う階層——判断する公衆——の出現も示唆する議論であると、筆者は考える。この点が、古代ギリシアのポリスをモデルとして、劇のメタファーに依拠した政治概念を構想しようとするピーター・ユー

ベンや、後に述べるダナ・ヴィラとの、筆者の違いである。彼らの見方では、行為者と観察者とを仕切る線はより曖昧である。行為する人は、他人の行為の観察者となることもあり、両者の役割の間を柔軟に揺れ動くことができる。古代ギリシアのポリスでは、実際、直接民主制の下で市民が支配者（行為者）と被支配者（観察者）の役割とを交互に演じることができた。また、ポリスでは、劇の上演が頻繁に行われていたことを、ユーベンは重視している（Euben, 2000, 159-161）。ポリスの経験から見えるのは、各々が行為し、またその行為の観察者となるような、より一体的な、意味の空間である。これに対し、近代人は、ほとんどいつでも観察者の役割を引き受ける。彼らの多くは、観察者であったことはあっても、行為者であったことは少ない。それでも近代人は、観察者として判断力を欠くことはない。これは、アーレントがカントの『判断力批判』から引き出した重要な結論のひとつであろう（cf. Arendt, 1968a, 219-224）。人は、例えば、天才が作り出す芸術作品を自分では作ることができない。にもかかわらずその人は、天才が作った作品の美醜を判断できる。「美を判断する人の多くには、天才と呼ばれる創造的構想力が欠けているだろう。しかし天才を保有している人の中で、趣味の能力が欠けている人はほとんどいない」のである（Arendt, 1982, 62）。アーレントはまた、キケロの『雄弁家について』から、「制作においては、有識者と無知なものとの間に多大な開きがあるのに、判断においてはほとんど差がない」という文を引用する（Arendt, 1982, 64）。アーレントはキケロがこのことを「本当に素晴らしく驚嘆すべき」ことと見ていたとして、読者の注意を促している（Arendt, 1982, 64）。

15　アーレントは『カント政治哲学の講義』の第13講で、「行為者と観察者とが融合する」、ある地点について言及している。「行為者の格率と、観察者が世界の見せ物（spectacle）について判断する際に従う格率ないしは『基準』とがひとつになった」ような人類の状態である（Arendt, 1982, 75）。この指摘について、アーレント自身がどう考えていたのかは難しい問題である。第13講は、カントの「矛盾」をめぐる指摘で締めくくられている。「無限の進歩は人類の法則である。ところが同時に、人の尊厳は、人間（我々のうちの各個人）がその特殊性において見られ、またそのようなものとして——ただし比較を絶し、時間とは独立して——人類一般を反省

するものと見られることを要求する。換言すれば、まさしく進歩の観念そのものが——もしそれが環境の変化や世界の改善以上のものであるとすれば——カントの考える人の尊厳という概念に矛盾するのである。進歩を信じることは人の尊厳に反する。さらに、進歩とは物語が決して終わらぬことを意味する。物語そのものの終わりは無限の彼方にある。我々が静止して、歴史家の持つ後ろ向きの目線でもって歴史を回想するような、いかなる地点も存在しないのである」(Arendt, 1982, 77 圏点は筆者による)。これについてまた、Arendt, 1978b, I, 97; 1994, 318-323; Jay, 1997 を参照。

第5章　許し

はじめに

　アーレントは『人間の条件』(1958)の第33節で、許しの能力について次のように述べている。人間の行為は、ある特有の困難をもたらすものである。その困難とは、行為者が自分の行っていることが何であるかを知らず、また知り得ないにもかかわらず、その行為を取り消すことができないという困難である。許しの能力は、こうした困難から行為者を救う。許しによって、意図されなかった行為は「元に戻」され、自由な行為の条件が再び与えられるというのだ (Arendt, 1958a, 236-243)[1]。

　罪に対する処罰だけではなく、罪の許しにも着目するアーレントの議論は近年、かつてなく関心を引いている[2]。それまではむしろ異端視され、政治に宗教を持ち込もうとする試みであるかのように見られることもあったのだが、罪の許しや和解、そして移行期の正義が、特に20世紀末以降の世界で重要な関心事となる中、アーレントの議論は、ジャック・デリダの許し論などと共に真摯な注目を集めている (O'Sullivan, 1975, 236; Tutu, 1999)。南アフリカでの脱アパルトヘイトと、真実和解委員会の設立は、この変化を後押しするものであったと見られる。

　こうした観点からのアーレントの許しの概念への着目には、疑問があげられないわけではない。1975年に死去したアーレントは、当然

のことながら、ここ数十年の出来事について直接には語っておらず、その許し論の守備範囲を確定することに慎重さが求められるべきであるというだけではない。そこには、さらに核心的な問題として、彼女が大きな関心を寄せたホロコーストの問題、すなわちナチスによるユダヤ人虐殺の罪と悪に関する考察において、許しが必ずしもその結論とはなっていないということがある。そのひとつの理由としてはアーレントがホロコーストを人間の理解能力に余る巨大な犯罪、人間の能力としての許しの地平をも越えた「根源悪」とみなしていたことが指摘できる。

　本章では、アーレントの許しの原則論と、具体的な罪についての特殊論との間にあるこうしたずれを自覚つつ、アーレントの許し概念の可能性を探りたい。ホロコーストは、いかなるレベルにおいても、許しの地平から脱落していたのか。アーレントにおいて、根源悪に対する許しは、概念的に不可能であるのだろうか。ホロコーストなどの多大な被害者を生み出した罪には、許しはおろか、理解や処罰を行うことすらもできないというのが、彼女の立場だろうか。それは、アドルフ・アイヒマンの死刑の支持――処刑という、人間的な応答とも言い得る措置の肯定――とは、矛盾しないのだろうか。

　以下ではまず、『人間の条件』に登場するアーレントの許しについての考察を整理する。次に、アイヒマン裁判についてのテクスト――ホロコーストの悪と、それに加担したアイヒマンの罪状について考察した『イェルサレムのアイヒマン――悪の陳腐さについての報告』(以下、『アイヒマン』と略)――を検討し、許しがその中でどのような役割を演じているかを見る。続いて、理解の概念に目を向け、『アイヒマン』で示された有名な「悪の陳腐さ」のテーゼについて再び考えてみる。最後に、悪の脱神格化によって、アーレントはホロコーストを人間の

罪として位置づけようとしたという解釈を呈示する。

1. 許しと根源悪

『人間の条件』での許しの議論について見てみよう。労働、仕事、行為という3類型では、ある活動力が他の活動力の欠点を克服するとされる。具体的にいうと、仕事は耐久的な事物の世界を作ることで労働の空虚さから人を救済するとされる。これに対し、行為は、意味を紡ぎ出すことで、仕事を無意味さから救済するのだ。

ところが行為のある固有の欠陥には、他の活動力によって補われ得ないものがある (Arendt, 1958a, 236-237)。行為とは「あらゆる境界を突き破り、限界を乗り越え」ながら新しい関係を創造して回るという能動性を有する。それゆえに行為は、他者の権利を侵し、関係を破壊することがあるが、かといってその原因となった行為を取り消して、状態を元に戻すことは当然、できない (Arendt, 1958a, 191, 240)。この「窮地」に対する策は、他の活動力の助けを借りずに、自身の中から編み出されなければならない。その策が、許しである。許しによって行為者が意図せずに犯した罪や侵犯は、「元に戻」され、復讐が復讐を呼ぶという負の連鎖は断ち切られる。行為の自由を否定することなくその困難に対処するために、許しは不可欠である。

アーレントによると、許しの模範例は、ナザレのイエスにある。イエスの功績は、許しを人間事象の内に位置づけたことにある (Arendt, 1958a, 238-239)。「もしも、あなた方が、人々の過ちを許すならば、あなた方の天の父も、あなた方を許して下さるであろう。もし人を許さないならば、あなた方の父も、あなた方の過ちを許して下さらないであろう」。こうイエスは言った[3]。イエスにおいて許しは、他ならぬ人

間の能力であったのだ。いうまでもなく、イエスの言葉は、許しの力を持つのが神だけではないことを説いたものだ。「神お一人のほかに、誰が罪を許すことができるのか」という問いに対し、イエスは、「あなたの罪は許されたと言うのと、起きて歩けと言うのと、どちらがたやすいか」と答え、「人の子は地上で罪を許す権威を持っている」ということを奇跡によって示そうとしたのである[4]。

　許しの主体が人であるとすれば、許しの対象もまた人である。行為ではなく、行為者が許されるという意味である。許す側の者にとって、永遠に「許しがたい」行為はあるだろう。にもかかわらず、人は許すことができる。その行為の非道さ、犯罪性にもかかわらずである。それは、人とは「彼が行ったこと以上のものである」ためである (Arendt, 1958a, 241-242; 1978a, 250)。こうして、許しは、愛 (love) と結びつく。愛において、「行われたこと」は、「それを行った人」ゆえに許される。アーレントによると、「愛される人が『何』であるかということ、すなわちその人の特質、欠点、功績、失敗、罪には関心を持たず」に、その人がただ、誰 (who) であるかということに関心を払う愛は、その人の人格を明るみに出す「比類のない力」を持っている (Arendt, 1958a, 241-242)。もっとも公的な領域では、尊敬 (respect) が愛の代替物となると、アーレントは付言している (Arendt, 1958a, 243)。

　このようなものとしての許しは、「極端な犯罪と意図的な悪」には与えられないと、アーレントは述べる。聖書には次のような教えがある。「もしあなたの兄弟が罪を犯すなら、彼を諫めなさい。そして悔い改めたら、許してやりなさい。もしあなたに対して1日に7度罪を犯し、そして7度『悔い改めます』と言ってあなたのところへ帰ってくれば、許してやるがよい」。この教えは、「極端な犯罪と意図的な悪」に対しては適用されず、それらに応じるのは最後の審判であるとアー

レントは主張する。そして最後の審判とは、許しではなく、正当な報い（retribution）をもたらすものだ（Arendt, 1958a, 239-240）[5]。

さて、「極端な犯罪」や「意図的な悪」に許しが与えられない一方、許しが与えられ得る罪においては、処罰が許しの「代替物」となることができるというのが、アーレントの考えである（Arendt, 1958a, 241）。後にデリダによって批判的に言及されるように、アーレントは許しと処罰を同一線上に据えている（Derrida, 2000, 112=2001, 37）。許しと処罰は、共に行為の問題に対処し、復讐や仇討ちなどの「連鎖反応」や「無慈悲な自動運動」を終わらせるものとされて、そして許しが不可能である罪については、処罰もまた不可能であるとされる。例えばイマヌエル・カントが根源悪と呼んだものは、「人間事象の領域と人間の潜在的な力」を越えているため、「罰することも許すこともできない」と、アーレントは解説している（Arendt, 1958a, 241）。こうした「真の悪者」あるいは犯罪者を前にして人ができることは、「大きな石臼を首にかけられて海に沈められる方がましである」、あるいは「これは起きてはならないことだった。彼は生まれて来るべきではなかった」と繰り返すことだけである（Arendt, 1958a, 241; 2003, 125-127）。

アーレントは、行為の連鎖からなる人間事象の中に許しを位置づけるのであり、その働きは、行為を不可逆性の「窮地」から救うことに限定されていた。別の言い方をすると、許しは、「非主権性」——人が、自らの行為の主人となり得ないこと——への対処である（Arendt, 1958a, 234-236）。もし、知らないうちに生じさせてしまった結果に拘束されることになるならば、我々の行いは「たったひとつの行為に限定されるだろう」。人は、「たったひとつの行為の犠牲者」となり、「そのたったひとつの行為のために永遠に回復することができなくなる」。こうした苦境から人を救済するための方策——人間的な考案物——が、

アーレントの考える許しと処罰であった。

2. アイヒマンと許し

このアーレントの議論を、大量虐殺や戦争犯罪をめぐる考察に適用する試みがあることについては、既に触れた[6]。しかしアーレントは1975年に世を去っており、これらの試みで取り上げられる南アフリカのケースなどについて、直接コメントしているわけではない。では、どのような具体的事例が許しの該当例とされているのだろうか。

この問いについて考える中で、ホロコーストの問題が不可避的に持ちあがってくる。アーレントの政治思想は、そもそも、ホロコーストを行った全体主義の批判として生まれ、成熟したのであった[7]。『全体主義の起原』と『アイヒマン』がそうである。これらの著作で、許しはどのような役割を演じていたのか。許しや、(許しの代替物としての)処罰が、顕著な役割を演じていないとしたら、そのことは何を示唆するのか。以下で考察したい。

(1) 許し、悪、「誰」:ジュリア・クリステヴァの見解

ジュリア・クリステヴァは、『ハンナ・アーレント——生は一つのナラディヴである』において、アドルフ・アイヒマンを許すということが、いったい可能であるのかという難題に対するアーレントの答えを、次のように説明する。クリステヴァによると、アーレントは、

> この犯罪者を全く許さない。それはまさに、彼女が「その人格を考慮に入れる」ことによって、非人格 (*non-personne*) ——「誰」ある

いは「誰か」の不在——を、つまり自分の行為を判断できないロボットのような役人を見出し、まさにそのことによって、彼が許しの次元から排除されているからである。……もし思考したり判断したりすることのできる人間であれば、アーレントはその人間に対し、許しという波に支えられた判断をもって接する。その人の問いかけ——それは常に新しく始める試みや、生まれ変わる試みを表している——の様態や限界がどのようなものであれそうである。……ハイデガーは、明らかに他の誰よりも、許される権利を有している。それは、愛のせいだけではない……。それは、愛に満ちた暴露が手助けすることによる、尊敬のせいでもある。この尊敬は、特にユニークな思想を彼女の中に喚起し、「世界の空間が置いた距離から離れて見た時の、人物への配慮」をもたらしたわけだが、彼女はそれを論じ、露呈させたとしても、失うことは決してなかったのである (Kristeva, 1999, 362-363=2001, 80-82)。

　アイヒマンには「誰」が不在であるために、許しが与えられることができない。確かに『アイヒマン』においてアーレントは、アイヒマンが「無思考」的な人間であったと述べている (Arendt, 1965a, 49, 287-289)。彼とは「どんな意志疎通も不可能」であった (Arendt, 1965a, 49)。よってどんなに頑張っても、彼を許すことは不可能である。許しは人に与えられなければならないが、このケースにおいて受け手となる人は存在しなかったからである。この不在は、アイヒマンが許しの世界から追放されていることを意味した (Arendt und Scholem, 1963; Arendt, 1978a, 250)。
　アイヒマン裁判の数年後、ニュースクール・フォア・ソーシャル・リサーチで行われた「道徳哲学の諸問題」の講義ノートには、実際はっきりと、次のように記されている。なぜアイヒマンに対する許しが挫

折せざるを得ないかというと、それは「最大の悪……根源を持たない悪においては、許しを与える人格がもはや残されていな」かったからであった (Arendt, 2003, 95)。アーレントは、次のように書いている。

> ナチスの犯罪者の裁判で困惑が生じたのは、〔これらの〕犯罪者たちがすべて人格的な性質を自主的に放棄していて、まるで罰する人も放免すべき人も残されていないかのようだったからである。……言い換えると、犯された最大の罪は、誰でもない人によって、すなわち人格であることを拒んだ人によって実行されたのである (Arendt, 2003, 111)。

根源を持たない悪としてのホロコーストにおいて人格を有する存在として語り得る「人 (person)」は存在しなかった。こうした「人」は、既に抹殺されていたのである。「例え生きているとしても、死んだ人以上に生者の世界から切り離されている」ような人間、「この世に生まれてきても来なくても同じだったと思っている」ような人間を作り出すことが、全体主義の特質であった。だからそこに、処罰したり許したりする対象としての人間を見出すことは不可能であった (Arendt, 1973, 447-459)。

悪を、人あるいは人格の不在と結びつけるこの議論は、『全体主義の起原』にも「道徳哲学の諸問題」にも登場する[8]。『全体主義の起原』によれば、根源悪とは、人を「無用」な存在へと貶め、自発性の欠如を完成させるものである。それは、「人が等しく無用になるようなひとつのシステムのシステム」の構築にかかわる (Arendt, 1973, 447-459)。そして、「道徳哲学の諸問題」によれば、悪とは、人格の不在を特徴とする (Arendt, 2003, 95, 111-112)。また「エリック・フェーゲリンへの返答」

では、全体主義の犯罪者は、およそ「『殺人者』として罰することが不可能である」と記されている (Arendt, 1994, 405)。

(2) 罪の「客観性」――許しから処罰、そして判断へ

　つまりアイヒマンを、許したり、処罰したりすることは、不可能に思える。今見たように、アーレントの議論では、許しと処罰は、共に人間性や人格にかかわる現象であったからである。人間性や人格が見いだされない場合には、許しと処罰は、断念せざるを得ないと議論できる。しかし、『アイヒマン』において、彼女が支持する結論とは、アイヒマンの処刑である。根源悪は、「許すことも罰することも」できず、その罪人には「大きな石臼を首にかけて海に沈められたほうがまし」であったと繰り返すことができるのみであると述べたアーレントは、ここでアイヒマンの死刑を認める[9]。

　その理由とは、いかなるものであろうか。注目すべきなのは『アイヒマン』のエピローグである。そこで、彼女は、アイヒマンが絞首されなければならないのは、彼の行った行為が人道に対する罪に当たるものであり、「人類に属する何者」にもアイヒマンと世界を「共有するように欲することを期待し得ない」ためであると、書いている。ここでアーレントは、法の名を借りて次のようにアイヒマンに宣告する。

　　我々の関心を惹くのは、もっぱらあなたの行ったことであって、あなたの内面的な生活や動機が犯罪的性格を持っていなかったかもしれないということや、あなたの周囲の人々の犯罪の可能性ということではない。……もしあなたが大量虐殺組織における積極的な道具となってしまったのは、単にあなたの不運のゆえであっ

たと仮定してみよう。その場合でも、なおあなたが大量虐殺の政策を実行し、それゆえ積極的に支持したという事実は変わらないのである。というのも政治は、保育所のようなものではないからである。政治において、服従することと支持することとは変わりがない。そしてまさに、ユダヤ民族と他のいくつかの民族に属する人々と地球を共有することを欲しないという政策……をあなたが支持し実行したからこそ、何人にも、すなわち人類に属する何者にも、あなたと地球を共有するように欲することは期待し得ないと我々は思う。これがあなたが絞首されなければならない理由、そのただひとつの理由である (Arendt, 1965a, 279)。

アイヒマンの人格や意図がどんなものであったかということは、「我々の関心を惹かない」(Arendt, 1965a, 287-289, 294)。イスラエルの法廷は、アイヒマンの罪そのもの——「あなたの行ったこと」——を問うた (Arendt, 1965a, 298)。その結果、彼の死刑は肯定されるのである。

注目すべきなのはここで、人格や「誰」を主たる根拠として死刑が模索されているわけではないということである (Arendt, 1965a, 253-298)。むしろ、人格や「誰」という点では疑問が残ることを認めつつ——それが「関心を惹かない」とした上で——あえて死刑を正当化しているのだ (Schaap, 2005a, 77; 2005b, 115-116)。アイヒマンに人格が見られなかったため、ゆえに死刑——あるいは、許し——を考えることが不当であるという運びにはなっておらず、むしろ仮に人格が見られたとしても、重要な問題ではないとした上で、死刑の根拠を別の地平に求め直しているのである。これを、やや不自然な動きと見ることも不可能ではないが、さらに衝撃的——そう筆者には思われる——なのは、彼女の以下の主張である。

第5章　許し　129

　「偉大な犯罪は自然を犯し、そのため地球そのものが復讐(vengeance)を叫ぶ。悪は自然の調和を乱し、報復 (retribution) のみがその調和を回復することができる。不正を蒙った集団は、罪人を罰する義務を、道徳的秩序に対して負うのである」(ヨサル・ロガト)。このような命題を、我々は拒否し、野蛮とみなす。にも関わらず私は、アイヒマンがそもそも法廷に引き出されたのは、まさにこれらの長い間忘れ去られていた命題に基づいてであるということ、そしてこの命題こそ実は死刑に対する最高の理由づけ (justification) であるということは否定できないと思う。ある種の「人種」を地球上から永遠に抹殺することを公然と目指す事業に関与し、そこで中心的な役割を果たしたために、彼は抹殺されねばならなかったのである (Arendt, 1965a, 277)。

　アーレントの死刑賛成に疑問を呈する読者は少なくないが、このパラグラフで不可解なのはそれだけではない (Arendt, 1978a, 244; cf. La Caze, 2006)。上の引用文で、アーレントは、罪を行う意図を排除して、ただその結果だけを考慮する「野蛮」な原理によってこそ、アイヒマンの処刑が根拠づけられるのではないかと述べている。地球と自然との「復讐」と「報復」に依拠した原理である。
　ここでは、意図の排除ということについて考えたい。アーレントは、主観性の現象としての意図ではなく、罪の客観性——行為あるいは「事実」そのもの——に着目せよと言っている (Arendt, 1965a, 279)。この立場を、スーザン・ニーマンに倣い、「ラディカル」な客観性を指向するものと見ることもできよう (Neiman, 2001, 80-83)。これこそが、実は、アーレントが判断という名で語ろうとしたことの意味である

とニーマンは述べている。判断は、理解の先に現れ出るものとして(Arendt, 1994, 313-323)、世界への愛に基づく、行為の客観的判定を目指すものである。「意図から判断」へと移行することは、アーレントにとって至当なことであったかもしれない。「私たち全員の中に、小さなアイヒマンが潜んでいる」という立場——この立場はよくアーレントに(誤って)帰される立場であるが——をアーレントが非難するのは、それが罪と無実を、意図という主観性の領域に据えるものであるからである (Neiman, 2001, 80-83)。主観性、意図、人格という20世紀の哲学の中核をなすものをラディカルに排除することで、アーレントの判断は、独自の地平上にホロコーストを断罪したと言える (Neiman, 2001, 80-83)。

3. 悪を「理解」する

再び、許しへと目を向けたい。アイヒマンのケースにおいて、許しは「問題外」であった (Arendt und Scholem, 1963; Arendt, 1978a, 250)。だが、こうした議論を丹念に見なくても、アーレントの許しを、より限られた射程を持つ概念として定めることはできる。『人間の条件』に再び戻るなら、その第33節で「罪とは日常的な出来事」とされていることに注目すべきである (Arendt, 1958a, 240)。マーギュリテ・ラ・カズが指摘するように、アーレントはちょっとした誤りや過失のようなもの——行為者が意図しなかった些末な不結果——についてだけ語っていたと考えることも、十分に可能である (La Caze, 2011, 152-153)。ホロコーストのような悪は、そもそも許しが問われるような次元にない。

すると許しは、ホロコーストのような罪を論じる際には、アーレントによって徹底的に除外されると言ってよいのだろうか。筆者はそう言うことも難しいのではないかと考えている。ホロコーストは、実際

に許しの地平にあったと、アーレントに倣って言わなければならない
のではないか。アーレントの思想には、ホロコーストを、許しと処罰
の地平線上に立つ出来事として位置づけることを可能にするものが含
まれているのではないか。この問題は、有名な「悪の陳腐さ」のテー
ゼによる悪の脱神格化の試みと絡んでいる。アーレントは、ホロコー
ストの理解可能性を放棄しないことで、その罪を人間的地平において
論じる道を残しておいたという解釈を、以下では示してみる。

(1) 理解の概念

　理解という概念について見てみたい。「私は、理解したかったのです」
と、アーレントがあるインタビューで述懐したことはよく知られてい
る (Arendt, 1996a, 46-47; 1994, 3)。アーレントは、事象を理解することを
欲した。そして彼女は、他の人々もまた、事象を理解しようとするこ
とを欲した。理解は、「生きることの特異に人間的なあり方」であり、「取
り消せない仕方で起きたこと」への対処と、「避けがたく存在するもの」
との和解とを、内包するものである (Arendt, 1994, 308, 321-323)。この中に
は、全体主義という出来事と、和解 (reconcile) することも含まれる (Arendt,
1994, 308, 323)。アーレントは、「理解と政治 (理解することの難しさ)」にお
いて、「すべてを理解することは、すべてを許すことである」という「広
く浸透した誤解」を正して、次のように書いている (Arendt, 1994, 308)。

> 理解と、許しとはほとんど関係がなく、〔許しは理解の〕条件でも
> 結果でもない。許しは、人間の能力の中で最も偉大なものの1つ
> であり、おそらく人間の行為の中で最も勇敢なものであるのだが
> ……1回きりの行為であり、単一の行いに帰結する。〔これに対し

理解は、終わりがなく、最終的な結果というものを生み出すこともない (Arendt, 1994, 308)。

許しは、「勇敢」な行いであるが、「1回きりの行為」であるのに対し、理解は、終わりのない活動であり、はっきりとした結果を生み出すことのない「複雑な過程」でもある (Arendt, 1994, 307-308, 321-323)。理解は、アーレントによれば、近くにあるものは遠ざけ、遠くにあるものは逆に近づけることによって、「物事をふさわしいパースペクティブから見る」ことを可能にする (Arendt, 1994, 323)。この能力は、構想力(imagination)の働きとして呼ばれることもある (Arendt, 1994, 322-323)。構想力は、事象から一定の距離を置こうとする「強さ」と、逆に近づいていって、自己と事象との間に横たわる深淵に橋を架けようとする「寛大さ」とを併せ持つ。アーレントによれば、完全にユニークな存在として、この世界でどこまでも異邦人たることを余儀なくされた人は、構想力によって世界と和解し、居場所を見つけることができる (Arendt, 1994, 308, 321-323)。

全体主義の理解ということでは、『全体主義の起原』をめぐって交わされた、有名なエリック・ヴェーゲリンとのやりとりも示唆的である。アーレントによれば、全体主義を理解することは、全体主義を「救済」したり「正当化」したりすることではなく、ましてやそれが不可避的に起きたもののように説明して、仕方がなかったと決めつけたりすることではない。こうした種の「理解」に、アーレントは「我慢がならない」(Neiman, 2001, 89)。彼女の態度は、むしろ以下のようなものであった。

私には、保存も支持もしたくない主題についての歴史を書く必要

があった。……ある破壊的な方法で歴史を綴らねばならなかった。……全体主義〔の遺産〕を保持したいと思うどころか、それが破壊されることを心から願っていたのであるから (Arendt, 1994, 402=2002, 244)。

　全体主義を理解しようと試みることは、「アンケートや、インタビューや、統計」によってその謎が解き明かされたかのように見せるのではなく、「怒り」を介在させながら、その意味を可能な最大限の構想力において浮かび上がらせることを意味した (Arendt, 1994, 403-404)。彼女は、そこで、「憤激せず偏頗せず」の偉大な伝統とは手を切ったという (Arendt, 1994, 403)。こうしたやり方は、「情熱的だと賞讃され、感傷的だと批判」されたというが、彼女にとってはどちらもやや的外れである (Arendt, 1994, 403)。問題は、「月」ではなく、この「地球」で生じてしまった全体主義に、いったいどのようにして「折り合い」をつけるかということであるという。「全体主義と戦うためには、まずそれを理解することだ」と述べながら、ただ「組織的な研究の必要性」を説いて回るだけの人は、理解することの意味を把握していない (Arendt, 1994, 323, n.1)。

　理解は困難ではあるがそれでも我々は理解できるし、またそうしなければならないというのがアーレントの主張であろう (Arendt, 1994, 402-404)。「その本質が始まりであるところの存在」としての人間は、既存の「思考のカテゴリーと判断の基準」を越えた事象をも理解する能力を有している (Arendt, 1994, 313, 321)。アーレントが後に「普遍から特殊」へと至る規定的判断力ではなく、「特殊から普遍」へと切り込んでいく反省的判断力を、自身の判断力概念の中心に据えていったことは、この能力への信頼に関連している。

(2) 理解の地平としての「悪の陳腐さ」

　次に、有名な「悪の陳腐さ」のテーゼの意味するところについて、考えてみたい。このテーゼで重要なことは、悪が理解の地平上にあることを再確認したことにあるといえる。悪は、神秘の領域に属するものでも、人間の理解や説明が及ばないものでもない。こう悪を捉えること自体が、悪に対する責任の放棄を意味する。「サタンの本性について綴ることは……行為に対する人の責任を回避する」ことですらあると、彼女は述べている (Arendt, 1994, 135)。アーレントは、悪の研究におけるグノーシス主義的傾向を忌避したが、それは悪の神秘化、悪の魅了に対する警鐘である。彼女の思想は、むしろ悪の脱神秘化を志向する (Arendt und Jaspers, 1985, 561=1992, 515)。彼女は、悪を「陳腐」と呼んだが、それは、ニーマンによれば、悪が「退屈で、つまらない」と宣言することであり、「エロス的ではない」と言うことでもある (Neiman, 2001, 88-89)。彼女がショーレムへの書簡で用いた「菌類のメタファーは……悪が理解可能であることを告げる」(Neiman, 2001, 77)。

　こうしてアーレントは、ホロコーストを「人間事象の領域」に置くことに固執した。かつて根源悪と呼んだ全体主義を罪として、理解の対象として規定し、さらには陳腐さへと接合することで、アーレントはそれを人間事象の領域に引き戻し、含意として、許しの射程内に入れようとしたと解釈することができる[10]。

4. 先行する許しの可能性——おわりにかえて

　本章では、アーレントの思想における許しについて見てきた。アイ

ヒマンに許しが与えられない理由と、それに与えられるべきものとしての「死刑」についてのアーレントの考えを追い、それを人間の領域へと据えなおす理解と「悪の陳腐さ」のテーゼについて考察した。

　最後に、許しの相互性という点から今一度、許しの原則論について考えてみたい。許しは本来、自由な行為が確保された空間において実践されるべきものと、考えられる (Tutu, 1999, 267)。許しは、自由に行為する結果を互いに引き受けるという、相互性の上に成り立つ現象である。こうした相互性が保障されない場面で許しを試みることは、悪の看過や無責任さをも招き得るのであり、その危険性の認識が、許しを宗教的な原理に過ぎないとする批判を支えてきた。

　しかしこうした危険性を伴うものとしての許しは、同時に、「その本質が始まりである」ところの人間に与えられた、ある種の宿命のごときものとも取れる (Arendt, 1994, 313-321)。つまり今日の世界における許しは、相互性の保障がない中、不在の相互性を仮定した先行的な許しへの決意と考えることもでき、それ自体が始まりの自発性の表現であると解釈することもできる。アーレントが賛辞を惜しまなかったマハトマ・ガンジーは、ユダヤ人がナチスに対し非暴力を貫き、サティヤーグラハの実践で挑むことを説いた (Gandhi, 1960, 70-74=1997, 103-111)。死を恐れない非暴力主義は、宗教的な態度に過ぎないと批判することは十分できる。しかしそもそもアーレントは、死を恐れない英雄的行為を讃えている[11]。

　アーレントは、近代世界における自由の喪失と、全体主義下での人間性の全面的崩壊とを看取していた (Arendt, 2003, 34-54)。しかし、その政治思想は、許しと、その対としての処罰とを、世界に向けて解放することを徹底的に拒むものではなかろう。

〔注〕

1 本章は、第17回若手唯物論研究協会での口頭発表及び第35回社会思想史学会セッションB：ハンナ・アーレントの思想の再検討での発表に基づいている。コメントしていただいた会場の参加者に感謝したい。

2 アーレントの許しの概念についての研究として、例えば Schaap, 2001, 2005a; 2005b; La Caze, 2006; 2011 が参考になる。

3 マタイによる福音書 6, 14-15; マルコによる福音書 11, 25-26（日本聖書協会、口語訳）。

4 ルカによる福音書 5, 21-24; マタイによる福音書 9, 6（日本聖書協会、口語訳）。

5 ルカによる福音書 17, 3-4（日本聖書協会、口語訳）。

6 これについて Schaap, 2005a; 2005b; La Caze, 2006; 2011; Celermajer, Schaap and Karalis, 2010 を参照して欲しい。デズモンド・ツツ大司教は、許しの研究がひとつの「成長産業となっている」と述べている（Tutu, 1999, 271）。

7 このアーレント研究において通説となっている解釈に反する指摘もある。ロナルド・ベイナーによると、アーレントの政治思想の萌芽は、聖アウグスティヌスについての博士論文に見いだされるが、この論文の執筆は、1930年代のナチスと全体主義の台頭に先立つものである（Beiner, 1996）。

8 リチャード・バーンスタインは、アイヒマン裁判を転機として、アーレントが悪についての「考えを変えた」という、ゲルショーム・ショーレムへの公開書簡での発言について検討している。バーンスタインによると、アーレント自身の発言とは裏腹に、『全体主義の起原』から『アイヒマン』へと流れる彼女の悪についての見解は、驚くほど一貫しているという。つまりアーレントは、アイヒマン裁判の前から、悪を「悪魔的な偉大さ」や「怪物性」の観念で捉えることに疑問を呈していた（Bernstein, 1996a）。これについては、第1章も参照していただきたい。

9 ここからわかるとおり、根源悪（radical evil）と、根源を持たない悪（rootless evil）の概念の指示内容には重複があり、混乱を招くものとなっている。本書第1章の注10も参照していただきたい。根源を持たない悪は、根源的ではない（not radical）悪とも記されていることを付記しておきたい（Arendt, 2003, 95）。

10 無論、悪の陳腐さという呼称や、菌類のメタファーが、悪の脱神格化に十分かという問題はある。またこの関連で、悪についてのアーレントの見方が、ヤスパースの強い影響を受けていたことは、アーレントの主張のオリジナリティを疑わせもする。本書第1章で紹介したように、悪の神格化を拒むという着想や陳腐さという言葉を、アーレントはヤスパースから受け取っていた (Arendt und Jaspers, 1985=1992)。そのきっかけは、1946年に出版された、ヤスパースの『戦争の罪を問う(責罪論)』であるが、この書でヤスパースは、まさに悪を理解の地平上に、罪として位置づけ、処罰や償いの必要性を完膚なきまでに論じている (Jaspers, 1946=1998)。「当時のドイツにあっておそらく最も澄んだ声」と言われたヤスパースの声、あたかも「暗夜にかざす炬火」のように、戦争の罪はいかなる意味において成立し、誰が「正当な審判者となり、誰が正当な審判の対象」となるか、そして「罪の償い」はいかにして行われ、いかにして罪が「清められる」かを「理路整然」と示そうとするヤスパースの透徹した思考は、悪を理解し断罪するという方向に向けてアーレントを大いに刺激したに違いない (Jaspers, 1946=1998, 199-200, 203)。邦訳『戦争の罪を問う』に収められた、「訳者あとがき」と「解題」を参照されたい (Jaspers, 1946=1998, 199-218)。

11 この考えを裏付ける論考として、例えば Kateb, 1983; 2007 を参照されたい。ケイテブは、人間の尊厳に至上の価値を見出すアーレントの実存主義的な思想のスタンスが、死をも恐れず、自己の魂や、良心の純潔をひたすらに追求する殉教者 (martyr) の道——ナチスへの抵抗者や、ソクラテスなど、悪に対する暴力的あるいは非暴力的抵抗 (あるいはその両方) を、命を賭して行った者たちが歩んだ道——と親近性を有すると主張する。このスタンスは、しかし、道徳理論としては一般性を欠いている。道徳についてのアーレントの考察には、道徳的であるためには自己犠牲が必要であるという見解が含まれているが、殉教は、道徳の必要条件とは言えないのである (Kateb, 2007)。悪に対する抵抗と不服従の問題については、さらに、小山, 2013 を参照していただきたい。

第6章　人と自然——アーレントの科学技術批判

はじめに

　アーレントの思想の功績のひとつに、人と自然との関係の再考を促したことがある。主著である『人間の条件』や『過去と未来の間』は、20世紀中葉の世界における科学技術の発展を背景に書かれており、科学技術についての観察は、随所にちりばめられた、重要なモチーフのひとつとなっている。
　『人間の条件』の「プロローグ」が次の記述で始まっていることも、科学技術への彼女の強い関心と無縁ではない。

> 1957年、人が作った地球生まれのある物体が、宇宙に向けて発射された。この物体は、数週間、太陽や月や星などの天体を回転させ、動かし続けるのと同じ引力の法則に従って、地球の周囲を廻ったのである。いうまでもなくこの人工衛星は、月でも星でもなく、我々のように地上の時間に拘束されている、死すべき者たちから見れば永遠に続くように見えるような時の間、円形の軌道を歩むような天体でもなかった。しかし、しばらくの間は、この衛星はなんとか天空に留まり、その崇高な仲間として迎えいれられたかのように、天体の近くに住まい、軌道を描いたのである（Arendt, 1958a, 1）。

アーレントにとって、1957年のスプートニク1号の発射は、人、そして自然が直面する危機を集約するものであった。衛星の発射は、科学技術の飛躍的な進歩を象徴する喜ばしい出来事と、一般的には見られる。しかし、アーレントによれば今、地球に誕生した人類という生き物は、「地球からの脱出」を本気で論じ、宇宙空間への脱出を当然のように検討している。そして、そのことこそが、進歩であり、発展を意味すると考えている。そうした考え方は、長い歴史において、決して自明なものではなかった。確かに、キリスト教徒は地上を「涙の谷間」と呼び、哲学者は身体を「精神あるいは魂の囚人」として、地球上の生の過酷さを嘆いてきた。しかし、これまで彼らが、地球を身体にとって牢獄であるとみなし、実際に地球から月に行こうと分不相応に試みることはなかったのだ (Arendt, 1958a, 2; 1968a, 265-280)。

アーレントにとって、これは、人の「条件」からの逃避を意味する。それは「与えられたままの人という存在に対する反抗」、あるいは自己破壊をもたらす危険を意味するのである (Arendt, 1958a, 2)。生命の誕生に介入する技術や、人をできる限り排除した、オートメーションを採用した工場も、同様に危うい自己破壊的な試みに含まれる。そこでは、生命そして自然が、操作や管理の対象として変容させられている。そしてそのブーメラン効果によって、人もまた根源的に変化させられているのである (Arendt, 1958a, 1-6; 1968a, 60-63, 265-280)。

『人間の条件』が行うのは、こうした「我々の最も新しい経験と最も現代的な不安」をふまえて、我々にとって根本的な「条件」とはいったい何であるかを再検討することであると、彼女は述べる。つまり、「新しくはあるがまだ〔完全には〕知られていない」この時代において、「我々が行っていることを考える」ことを、この書は意図していると

いう（Arendt, 1958a, 5）。

1. 物と自然

　アーレントの批判の根幹にあるのは、一方での自然（nature）と、他方での人為あるいは世界（world）との区別である。自然は、人を取り巻く環境世界としてその生存を支える条件をなしているが、自然から自身を隔て、自然とは別様の秩序を確立する時にのみ、人の居所としての世界は創設される。

　この区分を支えるアーレントの自然観に、目を向けてみよう。アーレントにとって、自然は明確な始まりも終わりも持たない循環的なプロセスの総体である[1]。ギリシア語の自然（*physis*）は、それ自身から成長する、それ自体で現れるという意味の *phyein* からきており、人の助けなしに、それ自体で存在するというのが自然の特徴であるが（Arendt, 1958a, 150）、人はこの自然に生物としての始まりを負いながらも、それから離れることでのみ人間性を確立する。「人がそこで生まれ、そして死ぬ場である世界が存在しない場合、そこにあるのは不変の永劫回帰であり、人と他のあらゆる動物との不滅の永続のみ」である（Arendt, 1958a, 97）。この区分は、人の生誕及び生存の条件に植えつけられており、生物としての自己と、人としての自己とを分節化することを迫る。

　世界は、諸物（things）によって構成され、我々が生まれ落ちた時に既にあり、また我々が世を去る時に後に残していくものとして横たわっている。この世界こそが、アリストテレスが政治的動物と呼んだ、生物的存在とは別次元に生きる人にとっての安住の地をもたらす（Arendt, 1968b, 10-11=1986, 20-21）。アーレントは、次のように書いている。

> 世界に位置する諸物は、人の生を固定化する機能を持つ。そして、それらの物の客観性は、次のような事実に存している。……人は、常に変化する性質を有する存在であるが、人はその同一性、すなわちそのアイデンティティーを、同じイスと同じ机とに関係することによって、取り戻すことができる (Arendt, 1958a, 137)。

諸物の存在によって、我々は固有の生を確立することができる。それによってこそ、「生成と腐敗」というプロセスを課す自然に抗するようにして、生物としてのヒトではなく、人が到来するのだ (Arendt, 1958a, 100, 137)[2]。

ここでアーレントが、物を、人間性に不可欠なものとみなしていることに注目したい。こうした物は、自然の中から取ってきた何かに手を加えることによってできる。よって人は、世界を形成する際に自然に対して無関係ではありえず、自然とある種のかかわりを持たざるを得ない。こうしたかかわりを引き受ける人を、アーレントは〈工作人〉と呼び、その営みを制作または仕事と呼んでいる。

> 〈工作人〉の仕事としての制作は、物化によってなる。最も壊れやすいものも含めて、すべての物に固有の固さは、その取り組んだ材料から生じる。ところが、この材料自体は、ただ単に与えられてそこにあるというものではない……。木材として使うために切り倒される樹木の場合のように、ある生命過程を殺したり、また地球の胎内を破って取り出される鉄や石や大理石の場合のように、自然のよりゆるやかな過程を中断したりして、人の手は、その制作の材料を、自然の場所から取り出してきたのである。この侵犯と暴力という要素は、あらゆる制作に存在するものであり、

人の創作物の創造者である〈工作人〉は、これまで常に自然の破壊者であった (Arendt, 1958a, 139)。

〈工作人〉の活動は、「物化」である。そして、〈工作人〉はその材料を、自然の中から、すなわち自身を取り巻く環境世界から持ってくる (Arendt, 1958a, 98, 139)。そうして自然物を利用するが、得た材料を直接自然の手に返すことはない (Arendt, 1958a, 100)。〈工作人〉は、自然の「破壊者」であり、人間中心的 (anthropocentric) な態度の保持者である。しかし、そのあり方は無制限な破壊を原理とするものではなく、一定の明確な目的を有するものだ (Arendt, 1958a, 155)。アーレントが、〈工作人〉とは目的と手段のカテゴリーに支配された存在であると述べる時、そこでは目的に照らして手段を正当化するという〈工作人〉の手段主義的な態度に加えて、確固たる目的という、ある種の限界が強調されていることを忘れてはならない。こうした目的には、机やイスといった生活のための品々や、詩や書籍、絵画や彫刻などの芸術作品の制作が含まれる (Arendt, 1958a, 95, 167-174)[3]。

2. 自然中心主義の批判

これに対し、近代の科学技術は、〈工作人〉とは一線を画するあり方を指し示す。それは、自然の中へと自己を挿入する、脱人間的なあり方である。我々は、近代技術が人間中心的で、自然をどこまでも搾取し利用しつくそうとするエゴイスティックな態度によって特徴づけられると考えるかもしれない。しかし、アーレントの見方では、それは人間中心的でも世界中心的でもなく、むしろ自然中心的、宇宙中心的なのだ。というのはそこにおいて、人がむしろ自然化されているか

らである。アーレントによれば、今日の「真に『宇宙的』な科学」は、「あえて自然を破壊し、それと共に自然に対する人の支配権をも破壊するという明らかな危険を冒してまで、自然の中に宇宙過程を引き入れている」(Arendt, 1958a, 268)。科学の態度を用いて「自然の中へと行為」した人は、自然と世界との間の壁を取り払って、世界と一体化した(Arendt, 1958a, 147-151; 1968a, 60-63)[4]。アーレントによれば、今日の技術は、人間中心的というよりは自然中心的、宇宙中心的な技術であり、冷酷無情に運動を続ける自然の腹中へと人を投げ入れる行為である。アーレントは、次のように書く。

> 近代の自然科学と科学技術 (technology) は、ただ自然過程を観察したり、そこから材料を得たり、それを模倣したりするものではもはやなく、実際には自然過程の中へと働きかけている (act) ように思われる。それ故に、こうした自然科学と科学技術は、不可逆性と人の予言不可能性を、自然領域の中に持ち込んでいるように見える。しかしそこでは、いったん行われたことを元に戻すための矯正策は見出せないのである (Arendt, 1958a, 238)。

行為は不可逆的であるが、それが人の間で起こる場合には、行為の負の帰結を正す策があると、アーレントは述べていた (Arendt, 1958a, 241)。しかし自然に対する行為については、このような策はなく、起きたことを元に戻すことはできない (Arendt, 1958a, 238)。先に見えるのは「破滅」だけである (Arendt, 1968a, 194)。

アーレントは、こうして現代の科学技術の再考を迫る。死の年に出版されたエッセイでは、最近の「環境への脅威に対する突然の目覚め」を、現代の破滅的傾向における「一縷の望み」であるとさえ述べて、

変革を促しているのである (Arendt, 1975)。

3. ギリシアとローマの間で

　では人は、古代ギリシアの区分に帰っていくべきなのだろうか。自然ではなく、諸物でなる人為の世界を維持し、充実させていくことが、人の取るべき道であろうか。

　前節で見た議論の流れでは、そうも言えよう。自然、そして自然的なるものに対する憧憬を排したところに、人間性の空間であるポリスが現れるというのが、アーレントの主張であったように思える。しかし、アン・チャップマンが指摘するようにアーレントにおける自然の意味は、一様ではない[5]。前述したように、自然と世界とを鋭く分かち、世界の永続性を破壊する存在として自然を付置する議論もあるが、自然を世界の一部として、いわば世界の内的な存在と位置づけ、世界内自然というあり方を示唆する議論も、アーレントの中にはある。それは、人と自然との関係を別の視点から捉える議論でもある。

　そこでチャップマンの指摘に沿いながら、この議論で中心的な役割を果たす、文化の概念について見ていきたい。

　文化という語は、元来、自然を愛し慈しむ態度を意味した。アーレントのエッセイである「文化の危機」には、次のように書かれている。

　　文化という語および概念は、(古代) ローマに起源を持つ。「文化」は、耕作し、住まい、配慮をし、仕え、保存することを意味する colere (耕す) という語に由来しており、自然と人との交わり、つまり人の居住に適するように自然を耕しその世話をすることに主として関連している。そのようなものとして、文化は、慈愛に満ち

た配慮を行う態度を示しているのであり、自然を人の支配下に服従させるあらゆる試みと全く対照をなしている。……ローマ的な用法に限っていうならば、その力点というのは常に文化と自然との結びつきにあった。……文化の概念は、主として農耕を営む人々の中から初めて現れたのである。そして、文化に結びつけられているかもしれない芸術という意味は、ローマ人と自然との極めて密接な関係に関わるものだった。つまり、有名なイタリアの景観の創造ということである (Arendt, 1968a, 211-212 圏点は筆者による)。

アーレントによると、文化的存在としての自然は、世界の内にある[6]。樹木や河川は、世界の中の文化的存在として、世界の一角をなし得るのだ。景観としての自然は、公共の建築物や、美術品と同じように、生活様式に組み込まれ、「愛情あふれる配慮」を要請している (Arendt, 1968a, 211-212)。

本書の第2章や第3章で見てきたように、ここでもまたローマ的なるものへの感性がアーレントを支えている。アーレントの科学技術批判は、つい上で見てきたように世界と自然を鋭く区分するものであるが、これは古代ギリシアの自然観とされるものを素朴に継承したものということもできる。しかし、「文化の危機」でアーレントは、ギリシア人が世界と自然をつなぐものとして文化の概念を生み出すことができず、そのために自然は彼らにとって常に、暴力を用いて利用する対象物としての位置づけを超えることがなかったと書いている。ギリシア人が文化の概念を生み出すことができなかった理由は、彼ら特有の制作の観念に求められる。制作は、人と自然とを鋭く対立する存在とみなし、そして、自然を馴致する人間の技を強調するものである。アーレントは、次のように書いている。

ローマ的な文化の概念がなぜギリシアには存在しなかったかといえば、ギリシア文明においては制作の術が優位を占めていたからに他ならない。ローマ人が、芸術すらも一種の農耕、自然を養うことと見なしがちであったのに対し、ギリシア人は農耕すらも制作の本質的な部分として、つまりあらゆる存在者の中で最も恐れ多い存在者である人が自然を馴致し支配するための狡猾で、巧妙な「技術」的装置に属するものとして考える傾向があった。依然としてローマの伝統に魅せられている我々は、土壌の耕作を人の行為様式の内で最も自然で、最も穏やかな行為であると見なしているが、ギリシア人はそれを、無尽蔵で不撓不屈の大地を年々鋤き返し、侵害する、大胆不敵にして暴力的な企てとして理解していた。ギリシア人が文化とは何かを知らなかったのは、彼らが自然を耕したのではなく、むしろ大地の胎内から、神々が人から隠した果実をもぎ取って生活していた(ヘシオドス)からである(Arendt, 1968a, 212-213=1994, 287 圏点は筆者による)。

　古代ローマの特徴は、自然と文化との結びつきを見据えた点にある。ローマ人は、「耕し養う、住まう、気遣う、慈しみ保存する」こと、自然が人の住み家にふさわしいものに変わるまで自然を耕し慈しむことを欲した (Arendt, 1968a, 211-212)。アーレントは、こうして破壊するよりは保存し、分断するよりは結びつけるローマ的な精神性に、古代ギリシアはない知恵を見ている。

　ところで自然を軽視するギリシア人の態度は、同時に過去と伝統の軽視も意味した。自然を「制作」の対象物として分節化、対象化する態度は、過去への崇敬やその思い出への気遣いの欠如につながってい

た (Arendt, 1968a, 213)。伝統の連続性を保障したのは、ギリシア的態度ではなく、ローマ的態度である。ギリシア人は、自然を蹂躙することで自然から疎外され、自分の過去からも疎外されたのだ。「過去それ自体が持つ証言の力に対するローマ人の大いなる畏敬の念……がギリシア人にはまったく無縁」であったという事実は、ギリシア人特有の自然観と、その文化の不知と「密接に結びついている」(Arendt, 1968a, 213)。

4. 繰り返す新しい国家概念

今日、科学技術についてのアーレントの考察と、自然との関係をめぐる議論は、かつてなく肯定的な評価を受けている (Whiteside, 1994; 1998; Ott, 2009; Drucker, 1998)。本章では、その興味深い現在進行形の試みについて詳細に記すことはしない[7]。むしろ自然を「解放」する科学技術への批判が、政治的行為や自由の復元へと結実するアーレントの政治思想とどのような関係にあるのかについて、以下で考察したいと思う。

(1) 社会と自然

アーレントの科学技術批判と、その政治思想との関係を探る鍵となるのは、社会の概念であろう。その曖昧さや、「生命の必要」を卑しいもののように描く筆致故に問題視されることの多いこの概念についての議論が、アーレントの科学技術批判を政治思想と架橋するという目的においてむしろ示唆的であるのは、それが自然とのかかわりの内に、国家という媒介者を置く点である[8]。

ケリー・ホワイトサイドが指摘するように、社会の勃興 (the rise of

the social) に関するアーレントの議論は、近代の産業主義的秩序への批判と考えることができる (Whiteside, 1994)。社会とは、生命過程の維持を目的とする私的領域が拡大され、公的領域を飲み込んだことで生まれる形態である。アーレントは、次のように書いている。

> 社会とは、生のための相互依存という事実だけが、公的な意義を持つ形態、そして単なる生存のための活動が公的に現れることを許される形態を指す (Arendt, 1958a, 46)。

社会において、生命の必要物は、自然界から調達される (Arendt, 1965b, 114)。大衆社会の技術は、「人という有機体の内在的な構造が、ますます大規模にその環境内に移植される……生物学的発展」のようになる (Arendt, 1958a, 152-153)。必要の充足のために、自然はますます「解放」され、使用されるのだ (Arendt, 1958a, 148-149)。

アーレントが強調するのは、社会の維持つまり生命の必要の充足が、近代においては国家を形作っている点である。「社会とは集合の家政であり、その政治的形態は国民国家 (nation-state) である」という言葉を解釈すると、必要を充たすための自然搾取は、国家 (nation) を媒介して生じている (Arendt, 1958a, 28-29 圏点は筆者による)。生命を最高の価値として動く社会は、国家によって指揮され、管理されているのである。

ソーシャル・エコロジーで知られるムレイ・ブクチンは、自然破壊という問題を脱政治化することに異を唱える。むしろ自然破壊が国家を媒介して引き起こされてきたことに、目を向けなければならない (Bookchin, 1980; 1990)。したがってブクチンのエコロジー思想では、支配や不平等に特徴づけられた、既存の国家構造をどう作り替えていくのかが問題となる。筆者は、アーレントの社会の議論は、ブクチンの

エコロジー思想とも、ある意味、共通する部分を持っているのではないかと考える。アーレントの議論は、今日の「自然破壊」と科学技術の実践が、国家を行為者とするプロセスの中で進められてきたことを強調するものである。これをどのようにして変革していけるかということが、重要である。

(2)「いつでも、まるで初めてのように」

『革命について』の最終章で、アーレントは20世紀後半の社会が、評議会によって生まれ変わる道筋に言及している。評議会は、直接参加に基づいた集合的討論と意志決定のシステムである。アーレントの熱のこもった議論によれば、評議会を基軸とする国家の実現は、近代政党制の崩壊と、今日の形態の普通選挙の終わりをもたらすという。さらにそれは、世界的な連邦制にすら到達する (Arendt, 1965b, 256-280; 1972, 230-233)。

> 評議会は……今日の大衆社会を、擬似政治的大衆運動を形成しようとするその危険な傾向と共に解体するのに最良の道具である。あるいはむしろ、大衆社会を、誰からも選ばれず自らを構成している「エリート」によって、その根底から分散させるのに最も自然で最良の方法である。……確かにこのような「貴族制的」な統治形態は、今日理解されているような普通選挙の終焉を告げるであろう (Arendt, 1965b, 279)。

さらにアーレントは、評議会国家による主権国家の置き換えを唱える。そこで鍵となるのは、ビリヤードの球のように衝突し合い、その

衝突の内に力と恐怖の均衡としてのみ平和の可能性を見る主権国家体系に代わる、ネットワーク的なるものとしての、評議会的連邦機構の観念である。アーレントは述べる。

　　主権国家の間には、戦争しかありません。最後に訴えるべき手段として。その事実だけでも、新しい国家概念が必要なのだということを我々に思い知らせます。……新しい国家概念の基礎、基礎に過ぎないものですが、それが連邦制にあります。……ここで最終的な策は、超国家的ではなく、国際的でなければなりません（Arendt, 1972, 230 圏点はアーレントによる）。

アーレントによると、評議会は、未来に横たわる単なる可能性ではない。それは、近代史を貫く法則のようにして、繰り返し実現されてきたものである[9]。評議会は、革命の時代に、人々の手による政府として常に自発的に形成されてきた。評議会について語ることは、確固として我々の手中にある、言論と自由の可能性について語ることなのである（Arendt, 1965b, 256-279; Arendt, 1972, 231）。アーレントは、さらに述べている。

　　主権の原理をことごとく排除したこの種の評議会国家は、ありとあらゆる種類の連邦に素晴らしく適しています。そこでは権力が垂直的ではなく、水平的に組織されているから、とりわけそうです。でももしそれが実現する見込みについて貴方がお尋ねになるならば、そうですね、こう言わなければなりません、とても僅かであると。もしないわけではないにしてもです。でも結局のところ、次なる革命が目を覚ました時にはたぶんそうなるでしょう

(Arendt, 1972, 233 圏点は筆者による)。

評議会の下で、人が直接政治に関与する「公的自由」が実現する。

この評議会には、近代技術の侵犯に終止符を打つものとしての役割も期待されているのではなかろうか。

アーレントの思想はこれまで、多少アナクロニズムに陥ったものとして読まれてきたかもしれない。それは、ひとつには古代ギリシアの制作をモデルとした技術と人為の観念が、現代の感覚とあまりに隔たったものと見えるからであろう。しかしアーレントは果たして、古代ギリシアのあり方の再生を迫っているのだろうか。それとも我々に特有の仕方で、まさに公共の討論によって、自然との間に新たな線引き作業をなすことを促しているのだろうか。この作業をなすためには、もちろん、人の「条件」が今日どのような新たな局面に差しかかっているかについて、反抗的に、そして情熱的に思考することが必要だろう。

〔注〕

1　マーガレット・カノバンは次のように述べている。「私たちは、『自然の』という言葉を誉め言葉と、『人工の』という言葉を侮蔑語と見なすことに慣れ、社会の諸悪を人工的なものと考え、より自然的な環境の中ではもっと暮らしやすいだろうと想像している。だから、ハンナ・アーレントがこの序列を逆転し、自然と必然を同一視し、特殊に人間的な、制作の能力を賞揚しているのを知ると愕然とさせられる。……例えば、イスラエル国の『人為的』な建国についての彼女の論評は、必然性の教義にとりつかれた現代人には理解しがたいことだが、ユダヤ人の偉業に人間的意義を付け加えるのは、まさしくこの人為的性格だということである」(Canovan, 1974, 8=1981, 24-25)。

カノバンは、別の論文でも、世界の概念をアーレントの政治思想の中

心的概念としている（Canovan, 1994）。人為の国イスラエルは、その後アラブ世界との対立と暴力の渦——アーレントの理解では、自然的なるものの特質である無限の連鎖——に飲み込まれてしまった。

2　もちろん、アーレントはこの世界の中で行われる多様な行いについて述べ、人を単一的な存在（Man）として語ることを戒めている。アーレントにとって人は、常に複数形において、人々（men）として捉えられるべき存在である。世界は、正確には、「個々の人々、すなわちユニークで、他をもって代えられない、再び存在することのない諸個人が、現れ、そして消えていく」空間を意味する（Arendt, 1958a, 97）。

　またここでアーレントは「人々の世界」について語っているが、これは人類がひとつになった世界あるいは人類共通の国家の設立という含意を持つものではないだろう。アーレントにおいて人が、人類として単一の世界を形成しているという主張や、形成すべきであるという主張は明示的には見出せない。むしろ、アーレントが古代ギリシアのポリスを参照して述べるように、世界は常に、例えばアテナイ人の世界として、有限的に存在したのである。その間にある「諸民族の空間」はアーレントにとって外交の領域をなしていた。それを内政としてゆこうとした古代ローマの政治様式については Arendt, 1993=2003; 2005 に詳しい。

3　すぐに用いられ、耐久性に乏しい財物を、アーレントは「使用物（objects for use）」と呼ぶ。実際に世界を構成する物では、使用物が大半を占める（Arendt, 1958a, 136）。これに対し、芸術作品は、永続的な価値を持つ。それは、世代を超えて用いられる制作物である。アーレントは、これを芸術作品の「高次（higher order）」の耐久性と呼んでいる（Arendt, 1958a, 167）。

4　アーレントは、近代（modern age）と、我々が住む現代世界（modern world）とを区別し、それぞれの段階における技術形態の差異について述べている。近代においては自然の過程がそのまま世界のために用いられているのに対し、現代世界においては、自然には現象していないようなものが、人間の世界に無理やり現象させられているというのである。例えば核分裂や「人工的」な生命創造の試みがそうである（Arendt, 1958a, 1-6; 1968a, 60-63, 265-280）。この区分によれば、近代は、17世紀に始まり、20世紀初頭で終わった。今日の科学技術は、地球そのものの相対化と、宇宙的プロセスの解放とを特徴とする現代世界のそれである。

5 チャップマンは、アーレントにおける自然の意味として、以下の4つをあげている (Chapman, 2007)。①自然環境としての自然、すなわち人の生物的生存の条件としての自然 (=「地球」)。②資源としての自然、すなわち世界の形成や維持に有益であると同時に、世界と対立する自然。③世界としての自然、すなわち世界内の景観としての自然であり、文化的存在としての自然。④「所与」としての自然、すなわち絶対的な他者として、「感謝」を生み出す源として、人や世界の外部に存在する「地球」である。
6 アーレントの判断力、特に美的判断力の概念については、Arendt, 1968a; 1982に詳しい。
7 ケリー・ホワイトサイドは、アーレントの思想を、産業主義の克服を目指す現代的なエコロジー思想の一種と位置づけている (Whiteside, 1994)。アーレントの思想は、特にディープ・エコロジーを含めた生態系中心主義的な考えや、自然の「内在的価値」説へのオルタナティブを指し示すものとして捉えられる(Whiteside, 1998; Ott, 2009)。これによるとアーレントの思想は、自然の内在的価値を主張し、生態系中心的、あるいは生命中心的な思考への転換を迫る立場からも、また自然をもっぱら手段と見なして、人による管理や操作の対象とする主流の環境主義の立場からも距離を置いた、中間的な道を指し示すものである。またクラウディア・ドラッカーは、アーレントの論考が科学についての公共的議論を呼びかけることに注目する (Drucker, 1998)。人と自然との関係のあり方が、最大限の公的参加を伴いながら決定されるような参加民主主義のビジョンに、筆者は賛成である。
8 社会についての文献として、吉田ほか, 2003; Pitkin, 1998がある。
9 評議会国家について、Sitton, 1994; 小山, 2005を参照。また、本書第2章及び第3章もお読みいただきたい。

参考文献

Abel, Lionel. (Spring 1963). "Aesthetics of Evil: Hannah Arendt on Eichmann and the Jews." *Partisan Review* 30 (2): 211-230.
Ackerman, Bruce. (1991). *We the People: Foundations*. Cambridge, Mass.: Belknap Press of Harvard University Press.
Ackerman, Bruce and James S. Fishkin. (2004). *Deliberation Day*. New Haven: Yale University Press.
Adair, Douglass. (1974). *Fame and the Founding Fathers*. New York: W. W. Norton & Company.
Arato, Andrew. (2000). *Civil Society, Constitution, and Legitimacy*. Lanham: Rowman & Littlefield Publishers, Inc.
Arendt, Hannah. (1929). *Die Liebesbegriff bei Augustin: Versuch einer philosophischen Interpretation*. Berlin: Verlag von Julius Springer=(2002)『アウグスティヌスの愛の概念』千葉眞訳、みすず書房
―――. (1953). "A Reply." *Review of Politics* 15 (1): 68-85.
―――. (1958a). *The Human Condition*. Chicago: Chicago University Press=(1995)『人間の条件』志水速雄訳、筑摩書房
―――. (1958b). "Totalitarian Imperialism: Reflections on the Hungarian Revolution." *Journal of Politics* 20: 5-43.
―――. (1960). "Society and Culture." *Daedalus* 82 (2): 278-87.
―――. (1962). *Elemente und Ursprünge totaler Herrschaft*. Frankfurt am Main: Europäische Verlagsanstalt=(1972-1974)『全体主義の起原1』大久保和郎訳、みすず書房、『全体主義の起原2』大島通義・大島かおり訳、みすず書房、『全体主義の起原3』大久保和郎・大島かおり訳、みすず書房
―――. (1965a). *Eichmann in Jerusalem: A Report on the Banality of Evil* (Revised and enlarged edition). New York: Penguin Books=(1969)『イェルサレムのアイヒマン――悪の陳腐さについての報告』大久保和郎訳、みすず書房
―――. (1965b). *On Revolution*. London: Penguin=(1995)『革命について』志水速雄訳、筑摩書房

―――. (1968a). *Between Past and Future: Eight Exercises in Political Thought*. New York: Penguin Books=（1994）『過去の未来との間――政治思想への8試論』引田隆也・齋藤純一訳、みすず書房

―――. (1968b). *Men in Dark Times*. San Diego: Harcourt Brace & Company=（1986）『暗い時代の人々』阿部斉訳、河出書房新社

―――. (1971). "Thinking and Moral Considerations: A Lecture." *Social Research* 38 (3): 417-46.

―――. (1972). *Crises of the Republic*. San Diego: Harcourt=（1973）『暴力について』高野フミ訳、みすず書房

―――. (1973). *The Origins of Totalitarianism*. San Diego: Harcourt Brace & Company.

―――. (1975). "Home to Roost: A Bicentennial Address." *The New York Review of Books* 22 (11): 3-6=（1975）「建国二百年によせて――アメリカの反省」川上洋一訳『世界』第360号、1975年11月、229-238頁

―――. (1978a). *The Jew as Pariah: Jewish Identity and Politics in the Modern Age* (Ron H. Feldman, ed.). New York: Grove Press=（1989）『パーリアとしてのユダヤ人』寺島俊穂・藤原隆裕宜訳、未來社

―――. (1978b). *The Life of the Mind* (One-volume edition). San Diego: Harcourt Brace & Company=（1994）『精神の生活（上・下）』佐藤和夫訳、岩波書店

―――. (1978c). *Vita activa; order vom tätigen Leben*. München: Verlag.

―――. (1979). "On Hannah Arendt." In *Hannah Arendt: The Recovery of the Public World* (Melvyn A. Hill, ed.). New York: St. Martin's Press.

―――. (1982). *Lectures on Kant's Political Philosophy* (Ronald Beiner, ed.). Chicago: University of Chicago Press ＝（1987）『カント政治哲学の講義』浜田義文監訳、伊藤宏一・多田茂・岩尾マチ子訳、法政大学出版局

―――. (1990). "Philosophy and Politics." *Social Research* 57 (1): 73-103=（1997）「哲学と政治」千葉眞訳『現代思想』1997年7月、88-110頁

―――. (1993). *Was ist Politik? Fragmente aus dem Nachlaß*. München: Piper=（2004）『政治とは何か』佐藤和夫訳、岩波書店

―――. (1994). *Essays in Understanding: 1930-1954*, (Jerome Kohn, ed.). New York, San Diego and London: Harcourt Brace & Company=（2002）『アーレント政治思想集成〈1〉組織的な罪と普遍的な責任』『アーレント政治思想集成〈2〉理解と政治』斎藤純一・矢野久美子・山田正行訳、みすず書房

―――.(1996a). *Ich will verstehen: Selbstauskünfte zu Leben und Werk* (Herausgegeben von Ursula Ludz). München: Piper.

―――. (1996b). *Love and St. Augustine* (Edited and with an interpretive essay by Joanna Vecchiarelli Scott and Judith Chelius Stark). Chicago: The University of Chicago Press.

―――. (2003). *Responsibility and Judgment.* New York: Schocken Books=（2007）『責任と判断』中山元訳、筑摩書房

―――. (2005). *The Promise of Politics* (Edited with an introduction by Jerome Kohn). New York: Schocken Books.

Arendt, Hannah und Martin Heidegger. (1998). *Briefe 1925 bis 1975 und andere Zeugnisse* (Herausgegeben von Ursula Ludz). Frankfurt am Main: Klostermann.

Arendt, Hannah und Karl Jaspers. (1985). *Hannah Arendt Karl Jaspers Briefwechsel 1926-1969* (Herausgegeben von Lotte Köhler und Hans Saner). München: Piper=(1992). *Hannah Arendt Karl Jaspers Correspondence 1926-1969*. San Diego: Harcourt Brace & Company.

Arendt, Hannah and Mary McCarthy. (1995). *Between Friends: The Correspondence of Hannah Arendt and Mary McCarthy 1949-1975*. San Diego: Harcourt Brace.

Arendt, Hannah und Gershom Scholem. (1963). Ein Briefwechsel über Hannah Arendts Buch «Eichmann in Jerusalem». *Neue Zürcher Zeitung.* Fernausgabe Nr. 287, Blatt 20, Oktober 19, 1963=（1997）「イェルサレムのアイヒマン――ゲルショーム・ショーレム／ハンナ・アーレント往復書簡」矢野久美子訳『現代思想』1997年7月、64-77頁

Aristotle. (1980). *The Nicomachean Ethics* (David Ross, trans. Revised by John L. Ackrill and James O. Urmson). Oxford: Oxford University Press.

―――. (1995). *Politics* (Ernest Barker, trans. Revised with an introduction and notes by Richard F. Stalley). Oxford: Oxford University Press.

Barber, Benjamin. R. (1984). *Strong Democracy: Participatory Politics in a New Age*. Berkeley: University of California Press.

Barnouw, Dagmar. (1990). *Visible Spaces: Hannah Arendt and the German-Jewish Experience*. Baltimore: Johns Hopkins University Press.

Barthold, Lauren Swayne. (2000). "Towards an Ethics of Love: Arendt on the Will and St Augustine." *Philosophy & Social Criticism* 26 (6): 1-20.

Beiner, Ronald. (1982). "Interpretive Essay: Hannah Arendt on Judging." In Hannah Arendt. *Lectures on Kant's Political Philosophy*. Chicago: Chicago University Press.

―――. (1983). *Political Judgment*. London: Methuen & Co. Ltd.

———. (1996). "Love and Worldliness: Hannah Arendt's Reading of Saint Augustine." In *Hannah Arendt: Twenty Years Later* (Larry May and Jerome Kohn, eds.). Cambridge, Mass.: MIT Press.

Bell, Daniel. (Fall 1963). "The Alphabet of Justice: Reflections on *Eichmann in Jerusalem*." *Partisan Review* 30 (3): 417-429.

Benhabib, Seyla. (1994a). "Democracy and Difference: Reflections on the Metapolitics of Lyotard and Derrida." *The Journal of Political Philosophy* 2 (1): 1-23.

———. (1994b). "Hannah Arendt and the Redemptive Power of Narrative." In *Hannah Arendt: Critical Essays* (Lewis P. Hinchman and Sandra K. Hinchman,eds.). Albany: State University of New York Press.

———. (1996a). "Identity, Perspective and Narrative in Hannah Arendt's *Eichmann in Jerusalem*." *History & Memory* 8 (2).

———. (1996b). *The Reluctant Modernism of Hannah Arendt*. Thousand Oaks: Sage.

Bernstein, Richard. J. (1996a). "Did Hannah Arendt Change Her Mind? From Radical Evil to the Banality of Evil." In *Hannah Arendt: Twenty Years Later* (Larry May and Jerome Kohn, eds.). Cambridge: MIT Press

———. (1996b). *Hannah Arendt and the Jewish Question*. Cambridge: MIT Press.

Bilsky, Leora. (2001a). "Between Justice and Politics: The Competition of Storytellers in the Eichmann Trial." In *Hannah Arendt in Jerusalem* (Steven E. Aschheim, ed.). Berkeley: University of California Press, pp.232-252.

———.(2001b). "When Actor and Spectator Meet in the Courtroom: Reflections on Hannah Arendt's Concept of Judgment." In *Judgment, Imagination, and Politics: Themes from Kant and Arendt* (Ronald Beiner, and Jennifer Nedelsky, eds.). Lanham: Rowman & Littlefield, pp.257-285.

———. (2004). *Transformative Justice: Israeli Identity on Trial* (Forwarded by Richard Bernstein). Ann Arbor: The University of Michigan Press.

Bookchin, Murray. (1980). *Toward an Ecological Society*. Montréal: Black Rose Books.

———. (1990). *Remaking Society: Pathways to a Green Future*. Boston, MA: South End Press= (1996)『エコロジーと社会』藤堂麻里子・戸田清・萩原なつ子訳、白水社

Canovan, Margaret. (1974). *The Political Thought of Hannah Arendt*. London: J.M.Dent & Sons Ltd.=（1981）『ハンナ・アレントの政治思想』寺島俊穂訳、未來社

———. (1978). "The Contradictions of Hannah Arendt's Political Thought." *Political Theory* 6 (1): 5-26.

────. (1992). *Hannah Arendt: A Reinterpretation of her Political Thought*. Cambridge: Cambridge University Press.

────. (1994). "Politics as Culture: Hannah Arendt and the Public Realm." In *Hannah Arendt: Critical Essays* (Lewis P. Hinchman and Sandra K. Hinchman, eds.) Albany: State University of New York Press, pp.179-205.

────. (1998). "Introduction." In Hannah Arendt. *The Human Condition* (Second edition). Chicago: University of Chicago Press.

Celermajer, Danielle, Andrew Schaap and Vrasidas Karalis, eds. (2010). *Power, Judgment and Political Evil: In Conversation with Hannah Arendt*. Surrey: Ashgate.

Chapman, Anne. (March/June 2004). "Technology as World Building." *Ethics, Place and Environment* 7 (1-2): 49-72.

────. (2007). "The Ways That Nature Matters: The World and the Earth in the Thought of Hannah Arendt." *Environmental Values* 16: 433-45.

Cooper, Barry. (1988). "Action into Nature: Hannah Arendt's Reflections on Technology." In *Democratic Theory and Technological Society* (Richard B. Day, Ronald Beiner and Joseph Masciulli, eds.). New York: M. E. Sharpe, Inc., pp.316-335.

Curtis, Kimberley. (1999). *Our Sense of the Real: Aesthetic Experience and Arendtian Politics*. Ithaca: Cornell University Press.

Denneny, Michael. (1979). "The Privilege of Ourselves: Hannah Arendt on Judgment." In *Hannah Arendt: The Recovery of the Public World* (Melvyn A. Hill, ed.). New York: St. Martin's Press.

D'Entrèves, Maurizio Passerin. (1994). *The Political Philosophy of Hannah Arendt*. London: Routledge.

Derrida, Jacques. (2000). *Foi et Savoir, suivi de Le siècle et le pardon*. Paris: Seuil＝ (2001). *On Cosmopolitanism and Forgiveness* (Michael Hughes, trans.). London: Routledge.

────. (2002). *Acts of Religion* (Gil Anidjar, ed.). New York: Routledge.

Diamond, Martin. (March 1959). "Democracy and *The Federalist*: A Reconsideration of the Framers' Intent." *American Political Science Review* LIII: 52-68.

Disch, Lisa J. (1994). *Hannah Arendt and the Limits of Philosophy*. Ithaca: Cornell University Press.

Drucker, Claudia. (Fall 1998). "Hannah Arendt on the Need for a Public Debate on Science." *Environmental Ethics* 20: 305-316.

Dworkin, Ronald. (1986). *Law's Empire*. Cambridge, Mass.: Belknap Press ＝（1995）『法の帝国』小林公訳、未來社

―――. (1996). *Freedom's Law: The Moral Reading of the American Constitution.* Cambridge, Mass.: Harvard University Press ＝（1999）『自由の法――米国憲法の道徳的解釈』石山文彦訳、木鐸社

Elon, Amos. (2006). "Introduction: The Excommunication of Hannah Arendt." In Hannah Arendt's *Eichmann in Jerusalem: A Report on the Banality of Evil.* New York: Penguin.

Euben, J. Peter. (2000). "Arendt's Hellenism." In *The Cambridge Companion to Hannah Arendt* (Dana Villa, ed.). Cambridge: Cambridge University Press, pp.151-164.

Finley, Moses I. (1985). *Democracy Ancient and Modern* (Revised edition). Piscataway, NJ: Rutgers University Press=（2007）『民主主義――古代と現代』柴田平三郎訳、講談社

Fishkin, James S. (1997). *The Voice of the People: Public Opinion and Democracy* (Expanded to include a new Afterword). New Haven: Yale University Press.

Fishkin, James S. and Peter Laslett, eds. (2003). *Debating Deliberative Democracy.* Malden: Blackwell.

Fraser, Nancy. (1997a). "Communication, Transformation, and Consciousness-Raising." In *Hannah Arendt and the Meaning of Politics* (Craig Calhoun and John McGowan, eds.). Minneapolis: University of Minnesota Press=（2001）「コミュニケーション・変革・意識向上――ハンナ・アーレントについてのアンソニー・カスカルディとリサ・ディッシュへの応答」湯浅創訳『ハンナ・アーレントを読む』情況出版

―――. (1997b). *Justice Interruptus: Critical Reflections on the "Postsocialist" Condition.* New York: Routledge=（2003）『中断された正義――「ポスト社会主義的」条件をめぐる批判的省察』仲正昌樹監訳、御茶の水書房

Friedrich, Carl J., ed. (1954). *Totalitarianism.* Cambridge: Harvard University Press.

Frisch, Morton J. and Richard G. Stevens. (1971). *American Political Thought: The Philosophic Dimension of American Statesmanship.* New York: Charles Scribner's Sons.

―――. ed. (1973). *The Political Thought of American Statesmen: Selected Writings and Speeches.* Itasca, IL: F.E.Peacock Publishers.

Fukuyama, Francis. (1992). *The End of History and the Last Man.* New York: Free Press=(1992)『歴史の終わり＜上＞』『歴史の終わり＜下＞』渡部昇一訳、三笠書房

―――. (2012). "The Future of History: Can Liberal Democracy Survive the Decline of the Middle Class?" *Foreign Affairs* 91 (1): 53-61.

Gadamer, Hans-Georg. (1989). *Truth and Method* (Second, revised edition). New York: Continuum=（1986）『真理と方法Ⅰ』法政大学出版局

Gandhi, Mahatma K. (1960). *My Non-Violence* (Sailesh Kuma, ed.). Ahmedabad: Nevajivan Publishing House=（1997）『わたしの非暴力１・２』森本達雄訳、みすず書房

Goldoni, Marco and Christopher McCorkindale, eds. (2012). *Hannah Arendt and the Law*. Oxford: Hart Publishing.

Gutmann, Amy and Dennis Thompson. (1996). *Democracy and Disagreement*. Cambridge, Mass.: Harvard University Press.

―――. (2004). *Why Deliberative Democracy?* Princeton: Princeton University Press.

Habermas, Jürgen. (1962). *Strukturwandel der Öffentlichkeit: Untersuchungen zu einer Kategorie der bügerlichen Gesellschaft*. Darmstadt: Hermann Luchterhand Verlag=(1989). *The Structural Transformation of the Public Sphere: An Inquiry into a Category of Bourgeois Society* (Thomas Burger, trans.). Cambridge: The MIT Press.

―――. (1976). Hannah Arendts Begriff der Macht. Merkur 30: 946-960=(1977). "Hannah Arendt's Communications Concept of Power." *Social Research* 44 (1): 3-24=（1986）「ハンナ・アレントによる権力（Macht）概念（1976年）」小牧治・村上隆夫訳『哲学的・政治的プロフィール（上）――現代ヨーロッパの哲学者たち』未來社、324-365頁

―――. (Summer 1980). "On the Jerman-Jewish Heritage." *Telos* 44=（1986）「アルフレート・シュッツ――社会研究新大学の大学院」小牧治・村上隆夫共訳『哲学的・政治的プロフィール（下）――現代ヨーロッパの哲学者たち』未來社、219-230頁

―――. (1984). *The Theory of Communicative Action. Volume 1. Reason and the Rationalization of Society* (Thomas McCarthy, trans.). Boston: Beacon Press.

―――.(1987). *The Theory of Communicative Action. Volume 2. Lifeworld and System: A Critique of Functionalist Reason* (Thomas McCarthy, trans.). Boston: Beacon Press.

―――. (1998). "Remarks on Legitimation through Human Rights." *Philosophy & Social Criticism* 24 (2/3): 157-171.

―――. (2001). "Constitutional Democracy: A Paradoxical Union of Contradictory Principles?" *Political Theory* 29 (6): 766-81.

Hamilton, Alexander, James Madison and John Jay. (1999). *The Federalist Papers* (With a New Introduction and Notes by Charles R. Kesler). New York: Mentor.

Hammer, Dean. (February 2002). "Hannah Arendt and Roman Political Thought: The

Practice of Theory." *Political Theory* 30 (1): 124-149.
Hardt, Michael and Antonio Negri. (2000). *Empire*. Cambridge, Mass.: Harvard University Press.
Hayden, Patrick. (2009). *Political Evil in a Global Age: Hannah Arendt and International Theory*. London: Routledge.
Heather, Gerald P. and Matthew Stolz. (February 1979). "Hannah Arendt and the Problem of Critical Theory." *The Journal of Politics* 41 (1): 2-22.
Heller, Agnes. (2001). "Hannah Arendt on Tradition and New Beginnings." In *Hannah Arendt in Jerusalem* (Steven E. Aschheim, ed.). Berkeley: University of California Press, pp. 19-32.
Hilberg, Raul. (1961). *The Destruction of the European Jews*. Chicago: Quadrangle Books.
Hill, Melvyn A., ed. (1979). *Hannah Arendt: The Recovery of the Public World*. New York: St. Martin's Press.
Honig, Bonnie. (1992). "Toward an Agonistic Feminism: Hannah Arendt and the Politics of Identity." In *Feminism Theorize the Political* (Judith Butle and Joen W. Scott, eds.)New York: Routledge, pp.215-235.
―――. (1993). *Political Theory and the Displacement of Politics*. Ithaca: Cornell University Press.
Honig, Bonnie, ed. (1995). *Feminist Interpretations of Hannah Arendt*. Park, Pennsylvania: The Pennsylvania State University Press= (2001)『ハンナ・アーレントとフェミニズム――フェミニストはアーレントをどう理解したか』岡野八代・志水紀代子訳、未來社
Hughes, Stuart. (1975). *The Sea Change*. New York: Harper & Row.
Ingram, David. (1988). "The Postmodern Kantianism of Arendt and Lyotard." *Review of Metaphysics* 42: 51-77.
―――. (1996). "*Novus Ordo Seclorum*: The Trial of (Post)Modernity or the Tale of Two Revolutions." In *Hannah Arendt: Twenty Years Later* (Larry May and Jerome Kohn, eds.). Cambridge: MIT Press.
Isaac, Jefferey C. (1998). *Democracy in Dark Times*. Ithaca: Cornell University Press.
Isocrates. (1929). *Isocrates II: On the Peace. Areopagiticus. Against the Sophists. Antidosis. Panathenaicus*. Cambridge, Mass.: Harvard University Press= (2002)『イソクラテス弁論集 II』小池澄夫訳、京都大学出版会
Jaspers, Karl. (1946). *Die Schuldfrage*. Heidelberg: Lambert Schneider= (1998)『戦争の罪を問う』橋本文夫訳、平凡社

―――.(1957). *Die Grossen Philosophen. Erster Band.* München: Piper=(1962a). *Kant* (Hannah Arendt, ed., Ralph Manheim, trans.). New York: Harcourt, Brace & World=（1962b）『カント』重田英世訳、理想社

―――. (1969). *Provokationen: Gespräche und Interviews* (Herausgegeben von Hans Saner). Munich: R. Piper & Co.=(2006). "*Eichmann in Jerusalem*: An Interview with Peter Wyss on the Book by Hannah Arendt." In *Hannah Arendt: Critical Assessments II* (Garrath Williams, ed.). London: Routledge, pp.299-307.

Jay, Martin. (1978). "Hannah Arendt: Opposing Views." *Partisan Review* 45 (3): 348-368.

―――. (1986). *Permanent Exiles: Essays on the Intellectual Migration from Germany to America*. New York: Columbia University Press.

―――. (1997) "Afterword: Reflective Judgments by a Spectator on a Conference that is Now History." In *Hannah Arendt and the Meaning of Politics* (Craig Calhoun and John McGowan, eds.). Minneapolis: University of Minnesota Press.

Jefferson, Thomas. (1984). *Writings* (Merrill D. Peterson, ed.). New York: Viking Press.

―――. (1999). *Jefferson: Political Writings* (Joyce Appleby and Terence Ball, eds.). Cambridge: Cambridge University Press.

Kant, Immanuel. (1962). *Gesammelte Schriften/Akademieausgabe, Bd.5 (Abt.1, Werke, Bd.5), Kritik der praktischen Vernunft; Kritik der Urteilskraft*. Gruyter=(2000). *Critique of the Power of Judgment* (Paul Guyer, ed., Paul Guyer and Eric Matthews, trans.). Cambridge: Cambridge University Press=（1964）『判断力批判（上・下）』篠田英雄訳、岩波書店

―――. (1985). *On History*. New York: Macmillan Publishing Company.

―――. (1991). *Kant: Political Writings* (Second edition by Hans Reiss and Hugh B. Nisbet, trans.) New York: Cambridge University Press.

Kateb, George. (1983). *Hannah Arendt: Politics, Conscience, Evil*. New Jersey: Rowman & Allanheld Publishers.

―――. (Winter 1999). "Can Cultures be Judged? Two Defenses of Cultural Pluralism in Isaiah Berlin's Work." *Social Research* 66 (4).

―――. (2000a). "Aestheticism and Morality: Their Cooperation and Hostility." *Political Theory* 28 (1): 5-37.

―――. (2000b). "Political Action: Its Nature and Advantages." In *Cambridge Companion to Hannah Arendt* (Dana Villa, ed.). Cambridge: Cambridge University Press, pp.130-148.

―――. (2001). "The Judgment of Arendt." In *Judgment, Imagination, and Politics:*

Themes from Kant and Arendt (Ronald Beiner and Jennifer Nedelsky, eds.). Lanham: Rowman & Littlefield.

———. (Fall 2007). "Existential Values in Arendt's Treatment of Evil and Morality." *Social Research* 74 (3): 811-54.

Keenan, Alan. (May 1994). "Promises, Promises: The Abyss of Freedom and the Loss of the Political in the Work of Hannah Arendt." *Political Theory* 22 (2): 297-322.

Klein, Alexander, ed. (1971). *Dissent, Power, and Confrontation*. New York: McGraw-Hill Book Company.

Knauer, James T. (September 1980). "Motive and Goal in Hannah Arendt's Concept of Political Action." *American Political Science Review* 74 (3): 721-33.

Kristeva, Julia. (1999). *Le Génie Féminine: La a Vie, la Folie, les Mots. 1 Hannah Arendt.* Fayard =(2001). *Hannah Arendt: Life is a Narrative* (Frank Collins, trans.). Toronto: University of Toronto Press= (2006)『ハンナ・アーレント――「生」は1つのナラティヴである』松葉祥一・椎名亮輔・勝賀瀬恵子訳、作品社.

La Caze, Marguerite. (2006). "Should Radical Evil Be Forgiven?" In *Forensic Psychiatry: Influences of Evil* (Tom Mason, ed.). Totowa, New Jersey: Humana Press.

———. (2011). "The Miraculous Power of Forgiveness and the Promise." In *Action and Appearance: Ethics and the Politics of Writing in Hannah Arendt* (Anna Yeatman, Phillip Hansen, Magdalena Zolkos, and Charles Barbour, eds.). New York: Continuum.

Leonard, Steven T. (1997). "Evil, Violence, Thinking, Judgment: Working in the Breach of Politics." *Hannah Arendt and the Meaning of Politics* (Craig Calhoun and John McGowan, eds.). Minneapolis: University of Minnesota Press.

Lyotard, Jean-François. (1986). *L'Enthousiasme: La critique kantienne de l'histoire*. Paris: Éditions Galilée= (1990)『熱狂――カントの歴史批判』中島盛夫訳、法政大学出版局

———. (1987). "Notes on Legitimation." *Oxford Literary Review* 9 (1-2): 106-118.

———. (1991). *Leçons sur l'analytique du sublime*. Paris: Editions Galilée=(1994). *Lessons on the Analytic of the Sublime* (Elizabeth Rottenberg, trans.). Stanford: Stanford University Press.

Macedo, Stephen, ed. (1999). *Deliberative Politics: Essays on Democracy and Disagreement*. Oxford: Oxford University Press.

Manin, Bernard. (1997). *The Principles of Representative Government*. Cambridge: Cambridge University Press.

Markell, Patchen. (2006). "The Rule of the People: Arendt, Archê, and Democracy."

American Political Science Review 100 (1): 1-14.
Marshall, Thomas H. (1964). *Class, Citizenship, and Social Development* (Introduction by S. M. Lipset). New York: Doubleday & Company.
Marx, Karl. (1996). *Later Political Writings*. Edited and Translated by Terrell Carver. Cambridge: Cambridge University Press.
May, Derwent. (1986). *Hannah Arendt*. New York: Penguin Books.
McCarthy, Mary. (1970). *The Writing on the Wall, and Other Literary Essays*. New York: Harcourt Brace Jovanovich.
McKenna, George. (1984). "Bannisterless Politics: Hannah Arendt and her Children." *History of Political Thought* 5 (2): 333-360.
Meyers, Marvin, ed. (1973). *The Mind of the Founder: Sources of the Political Thought of James Madison*. Indianapolis: Bobbs-Merrill.
Michelman, Frank I. (1995). "Always Under Law?" *Constitutional Commentary* 12 (2): 227-247.
―――. (1996a). "*Between Facts and Norms*. Book Review." *Journal of Philosophy* 93 (6): 307-315.
―――. (1996b). "Can Constitutional Democrats be Legal Positivists? Or Why Constitutionalism?" *Constellations* 2 (3): 293-308.
―――. (1999). "Constitutional Authorship by the People." *Notre Dame Law Review* 74 (5): 1605-1629.
Milgram, Stanley. (1974). *Obedience to Authority: An Experimental View*. HarperCollins Publishers=（1980）『服従の心理――アイヒマン実験』岸田秀訳、河出書房新社
Miller, David. (1998). "Political Philosophy." In *Routledge Encyclopedia of Philosophy* (Edward Craig, ed.). London: Routledge. Retrieved February 16, 2008, from http://www.rep.routledge.com/article/S099
Miller, James. (1994). "Democracy is in the Streets": *From Port Huron to the Siege of Chicago* (With a new preface by the author). Cambridge: Harvard University Press.
Mommsen, Hans. (1991). *From Weimar to Auschwitz*. Princeton: Princeton University Press.
Moruzzi, Norma C. (2000). *Speaking through the Mask: Hannah Arendt and the Politics of Social Identity*. Ithaca: Cornell University Press.
Müller-Lauter, Wolfgang. (1971). *Nietzsche: Seine Philosophie der Gegensätze und die Gegensätze seiner Philosophie*. Berlin: de Gruyter=(1999). *Nietzsche: His Philosophy of Contradictions and the Contradictions of his Philosophy* (David J. Parent, trans.). Urbana: University of Illinois Press.

Nash, Roderick Frazier. (1989). *The Rights of Nature: A History of Environmental Ethics.* Madison, WI: The University of Wisconsin Press=（1999）『自然の権利――環境倫理の文明史』松野弘訳、筑摩書房

Neiman, Susan. (2001). "Theodicy in Jerusalem." In *Hannah Arendt in Jerusalem* (Steven E. Aschheim, ed.). Berkeley: University of California Press.

O'Sullivan, Noel. (1975). "Hellenic Nostalgia and Industrial Society." In *Contemporary Political Philosophers.* (Anthony de Crespigny and Kenneth Minogue) New York: Dodd, Mead & Company, pp. 228-251=（1977）「ハンナ・アレント――ギリシャ的郷愁と工業社会」阿部斉訳、『現代の政治哲学者』南窓社、274-299頁

Ott, Paul. (March 2009). "World and Earth: Hannah Arendt and the Human Relationship to Nature." *Ethics, Place and Environment* 12(1): 1-16.

Owens, Patricia. (2007). *Between War and Politics: International Relations and the Thought of Hannah Arendt.* Oxford: Oxford University Press.

Pettit, Philip. (1997). *Republicanism: A Theory of Freedom and Government.* Oxford: Clarendon Press.

Picard, Max. (1946). *Hitler in uns selbst.* Erlenbach-Zürich: Eugen Rentsch=（1955）『われわれ自身のうちなるヒットラー』佐野利勝訳、筑摩書房

Pitkin, Hannah F. (1967). *The Concept of Representation.* Berkeley: University of California Press.

―――. (1994). "Justice: On Relating Private and Public." In *Hannah Arendt: Critical Essays* (Lewis P. Hinchman, and Sandra K. Hinchman, eds.) Albany: State University of New York Press, pp.261-288.

―――. (1998). *The Attack of the Blob: Hannah Arendt's Concept of the Social.* Chicago: University of Chicago Press.

Podhoretz, Norman. (September 1963). "Hannah Arendt on Eichmann: A Study in the Perversity of Brilliance." *Commentary* 36 (3): 201-208.

Rawls, John. (1993). *Political Liberalism.* New York: Columbia University Press.

―――. (1999). *John Rawls: Collected Papers* (Samuel Freeman, ed.). Cambridge. Mass.: Harvard University Press.

Ring, Jennifer. (1997). *The Political Consequences of Thinking: Gender and Judaism in the Work of Hannah Arendt.* New York: State University of New York Press.

Robinson, Jacob. (1965). *And the Crooked shall be Made Straight: The Eichmann Trial, the Jewish Catastrophe, and Hannah Arendt's Narrative.* New York: Macmillan.

Rogat, Yosal. (1961). *The Eichmann Trial and the Rule of Law*. Santa Barbara, CA: Center for the Study of Democratic Institutions.

Schaap, Andrew. (2001). "Guilty Subjects and Political Responsibility: Arendt, Jaspers and the Resonance of the 'German Politics' in Politics of Reconciliation." *Political Studies* 49: 749-766.

———. (2005a). "Forgiveness, Reconciliation, and Transitional Justice." In *Hannah Arendt and International Relations: Readings across the Lines* (Anthony F. Lang, Jr. and John Williams, eds.). New York: Palgrave.

———. (2005b). *Political Reconciliation*. London: Routledge.

Schumpeter, Joseph A. (1976). *Capitalism, Socialism and Democracy* (With a new introduction by Tom Bottomore). New York: HarperPerennial=(1995)『資本主義・社会主義・民主主義』新装版、中山伊知郎・東畑精一訳、東洋経済新報社

Scott, Joanna Vecchiarelli. (1996). "Hannah Arendt, Campaign Pundit." *New York Times*, 27 July.

Sharpe, Barry. (1999). *Modesty and Arrogance in Judgment: Hannah Arendt's* Eichmann in Jerusalem. Westport, Connecticut: Praeger.

Sharp, Gene. (1973a). *The Politics of nonviolent Action. Part One. Power and Struggle*. Boston: Porter Sargent Publishers.

———. (1973b). *The Politics of Nonviolent Action. Part Two. The Methods of Nonviolent Action*. Boston: Porter Sargent Publishers.

———. (1973c). *The Politics of Nonviolent Action. Part Three. The Dynamics of Nonviolent Action*. Boston: Porter Sargent Publishers.

———. (2010). *From Dictatorship to Democracy: A Conceptual Framework for Liberation* (Fourth U.S. edition). East Boston: The Albert Einstein Institution=(2012)『独裁体制から民主主義へ——権力に対抗するための教科書』瀧口範子訳、筑摩書房

Sitton, John F. (1994). "Hannah Arendt's Argument for Council Democracy." In *Hannah Arendt: Critical Essays* (Lewis P. Hinchman and Sandra K. Hinchman, eds.). Albany: State University of New York Press, pp. 307-334.

Smith, Mick. (Summer 2006). "Environmental Risks and Ethical Responsibilities: Arendt, Beck, and the Politics of Acting into Nature." *Environmental Values* 28: 227-246.

Syrkin, Marie. (May 1963). "Miss Arendt Surveys the Holocaust." *Jewish Frontier*.

Taminiaux, Jacques. (2000). "Athens and Rome." In *The Cambridge Companion to Hannah Arendt* (Dana Villa, ed.). Cambridge: Cambridge University Press, pp.165-177.

Taylor, Dianna. (2002). "Hannah Arendt on Judgment: Thinking for Politics." *International Journal of Philosophical Studies* 10 (2): 151-169.

Tocqueville, Alexis de. (1981). *Democracy in America.* Garden City, NY: The Modern Library.

Trend, David, ed. (1996). *Radical Democracy: Identity, Citizenship, and the State.* New York: Routledge= (1996)『ラディカル・デモクラシー——アイデンティティ、シティズンシップ、国家』佐藤正志・飯島昇蔵・金田耕一訳、三嶺書房

Tsao, Roy T. (2002a). "Arendt against Athens: Rereading *The Human Condition.*" *Political Theory* 30 (1): 97-123.

——. (2002b). "The Three Phases of Arendt's Theory of Totalitarianism." *Social Research* 69 (2): 579-619.

Tutu, Desmond. (1999). *No Future without Forgiveness.* New York: Image.

Vernant, Jean-Pierre. (1962). *Les Origines de la Pensée Grecque.* Paris: Press Universitaires de France= (1970)『ギリシャ思想の起原』吉田敦彦訳、みすず書房

Villa, Dana R. (1996). *Arendt and Heidegger: The Fate of the Political.* Princeton: Princeton University Press.

——. (1999). *Politics, Philosophy, Terror: Essays on the Thought of Hannah Arendt.* Princeton: Princeton University Press.

Walzer, Michael. (1987). *Interpretation and Social Criticism.* Cambridge, Mass.: Harvard University Press= (1996)『解釈としての社会批判——暮らしに根ざした批判の流儀』大川正彦・川本隆史訳、風行社

——.(2004). *Politics and Passion: Toward a More Egalitarian Liberalism.* New Haven: Yale University Press=(2006)『政治と情念——より平等なリベラリズムへ』齋藤純一・谷澤正嗣・和田泰一訳、風行社

White, Morton. (1987). *Philosophy*, The Federalist, *and the Constitution.* New York: Oxford University Press.

Whiteside, Kerry H. (Winter 1994). "Hannah Arendt and Ecological Politics." *Environmental Ethics* 16: 339-358.

——. (1998). "Worldliness and Respect for Nature: An Ecological Application of Hannah Arendt's Conception of Culture." *Environmental Values* 7: 25-40.

Wolin, Richard. (Spring 1986). "Foucault's Aesthetic Decisionism." *Telos* 67: 71-86.

——. (2001). *Heidegger's Children: Hannah Arendt, Karl Löwith, Hans Jonas, and Herbert Marcuse.* Princeton: Princeton University Press;

Wolin, Sheldon S. (1983). "Hannah Arendt: Democracy and the Political." *Salmagundi*

60: 3-19.
―――. (1996). "Fugitive Democracy." In *Democracy and Difference: Contesting the Boundaries of the Political* (Seyla Benhabib, ed.) Princeton: Princeton University Press.
Wood, Gordon S. (1969). *The Creation of the American Republic: 1776-1787*. Chapel Hill: University of North Carolina Press.
Young, Iris M. (1997). *Intersecting Voices: Dilemmas of Gender, Political Philosophy, and Policy*. Princeton: Princeton University Press.
―――.(2000). *Inclusion and Democracy*. Oxford: Oxford University Press.
Young-Bruehl, Elisabeth. (1982). *Hannah Arendt: For Love of the World*. New Haven: Yale University Press.
Žižek, Slavoj. (2009). *First as Tragedy, Then as Farce*. London: Verso.
阿部里加 (2011)『ハンナ・アーレントにおける私的なものの再解釈――否定性に立脚する自己の持続と世界疎外』学位論文（博士）、一橋大学
岡部一明 (1996)『インターネット市民革命――情報化社会・アメリカ編』御茶の水書房
小熊英二 (2012)『社会を変えるには』講談社
柄谷行人 (2006)『世界共和国へ――資本＝ネーション＝国家を超えて』岩波書店
―――.(2012)『哲学の起源』岩波書店
川崎修 (1987)「ハンナ・アレントと現代政治哲学の隘路」『思想』第754号、111-130頁
カント (2006)『永遠平和のために／啓蒙とは何か　他3編』中山元訳、光文社
北岡崇 (1976)「カント研究：『考え方 (Die Denkungsart) をめぐって (その一)』『一橋研究』第1号第1巻、77-92頁
金慧 (2008)「カントとアーレントの判断力論における構想力の機能と限界」『政治思想研究』第8号、2008年5月、200-223頁
栗原幸夫・小倉利丸編 (1996)『市民運動のためのインターネット――民衆的ネットワークの理論と活用法』社会評論社
小谷英生 (2010)「フランス革命についてのカントの見解――バーク、ペイン、ゲンツとの比較をつうじて」『現代文明の哲学的考察』社会評論社、49-76頁
小山花子 (2005)「共和国は拡張されるべきか――アーレント、マディソン、ジェファソンの共和主義思想」『一橋研究』第30巻第1号 (通巻147号)、

2005年4月、67-73頁
――.(2009a)「アーレントにおける政治と暴力――P・オーエンズのアーレント論を中心として」『青山国際政経論集』第77号、2009年1月、1-15頁
――.(2009b)「ハンア・アーレントの初期著作と代表的思考」『青山スタンダード論集』第4号、2009年1月、345-357頁
――.(2013)「不服従――政治的あるいは道徳的」『理想』第690号、62-73頁
権安理(2004)「ハンナ・アーレントにおけるパフォーマティヴな共同性をめぐって――コンスタティヴ／パフォーマティヴとパロール／エクリチュールの交差」『現代社会理論研究』第14号、14-24頁
ジェファーソンほか(1963)『世界思想教養全集7 アメリカの建国思想』斎藤光・久保芳和・斉藤真・鍋島能弘訳、河出書房新社
対馬美千子(2008)「『真珠採り』の思考――アーレント政治思想におけるメタファー論の意義」『政治思想研究』第8号、2008年5月、255-281頁
中村博雄(1995)『カント「判断力批判」の研究』東海大学出版会
浜田忠久・小野田美都江(2003)『インターネットと市民――NPO/NGOの時代に向けて』丸善
増田一夫(1997)「テクノフォビアの思想――ハンナ・アーレントと政治の救済」『現代思想』1997年7月、240-249頁
毛沢東(1957)『実践論・矛盾論』松村一人・竹内実訳、岩波書店
村田数之亮・衣笠茂(1989)『世界の歴史4 ギリシア』河出書房新社
森川輝一(2008)「『全体主義の起源』について――50年代のアーレント政治思想の展開と転回」『政治思想研究』第8号、2008年5月、116-145頁
森村進(2006)「『大地の用益権は生きている人々に属する』――財産権と世代間正義についてのジェファーソンの見解」『一橋法学』第5巻第3号、2006年11月、715-62頁
吉田傑俊・尾関周二・佐藤和夫編(2003)『アーレントとマルクス』大月書店

初出一覧

第1章　「美学的観察者としてのハンナ・アーレント――『イェルサレムのアイヒマン』を中心に」『一橋論叢』第134号第2巻、2005年8月号

第2章　書き下ろし（一部、「アメリカ革命の解釈をめぐって――憲法と自由の観点から」『人文社会科学G.E.プロジェクト報告書2012』信州大学、2013年に掲載）

第3章　「古代・中世・近代を貫く公共性の変容――アーレントの視点で」『21世紀への透視図――今日的変容の根源から』古茂田宏・中西新太郎・鈴木宗徳編、青木書店、2009年

第4章　"Freedom and Power in the Thought of Hannah Arendt: Civil Disobedience and the Politics of Theatre." *Theoria: A Journal of Social and Political Theory*. Vol. 59, Issue 133, December 2012, pp. 70-80

第5章　書き下ろし

第6章　「ハンナ・アーレントの技術批判――自然・世界・人間」『現代文明の哲学的考察』西田照見・田上孝一編、社会評論社、2010年

　いずれの論考にも、本書の執筆に際して大幅な加筆修正を施した。また、"Freedom and Power in the Thought of Hannah Arendt: Civil Disobedience and the Politics of Theatre"については、元の英語の論稿を筆者が日本語に翻訳した上で、加筆と修正を行った。

事項索引

ア行

愛　　14, 64-65, 78, 89, 122, 125
アイヒマン裁判　　112, 114
悪　　iii, 5-6, 12-15, 25-28, 122-123, 126, 131, 134, 136-137
アメリカ　　73, 87
アラブの春　　i, 115
異常なるもの（the extraordinary）　　41
　　――始まり　　51
エコロジー思想　　149-150, 154
エリート主義的民主主義理論　　95

カ行

革命　　33-72, 90-91, 105, 113, 115, 151
　　アメリカ――　　43, 72, 86, 93
　　フランス――　　105, 111, 114
　　ハンガリー――　　65, 113-114
革命的精神　　48
　　――の死滅　　51, 91
解釈　　54, 56-58, 71-74
　　思想――　　64
　　憲法――　　54, 56, 73
　　――としての道徳哲学　　58
観客　　4, 93, 105, 113-115
観察者　　4, 6, 10, 20, 93-116
観察者精神　　ii, 4, 23
ギリシア人　　55, 146
区（制）　　50-51, 101-102
劇　　ii, 30, 93, 105, 111-112, 114-116

――としての法廷と歴史　　114
　　公共性の――　　93
劇場　　97-98, 101-102, 104, 115
権威　　40, 52-57, 63, 70, 73
憲法　　45-49, 52, 54, 56-57, 63, 69-70, 72-73, 86, 91-92, 160, 172
　　――解釈　　54, 56, 73
　　――制定　　46, 63, 70
　　――の修正　　49
　　定期的――制定論　　69-70
権利章典　　56
権力　　38, 47, 54, 68, 98-100
　　構成的――　　50, 54
言論　　83, 151
公開性　　102-103
　　――のテスト　　103
　　――と秘密性　　103
公開の法廷　　114
公共性　　75-76, 82-84, 87, 91-92, 94-95
　　――への冒険　　93
　　秘密の排除としての――　　95
構想力　　116, 132
公的幸福　　47-48
公的自由　　48, 86, 90, 152
　　――の死　　86
公的領域　　76-79, 82-83, 85-86, 88, 91, 94, 106, 109, 149
古代ギリシア　　59, 77, 83, 85-86, 94-95, 99, 145-147, 149, 153
古代ローマ　　52-55, 57-59, 71, 77, 79,

	84, 90, 145-147
娯楽	87-89
根源悪（radical evil）	24-26, 30, 120, 122, 126-127, 132, 134, 136
——を持たない悪	126, 136
——的である悪	30
——的ではない悪	30, 136

サ行

最高裁判所	54, 56, 63
参加民主主義	3, 50, 111, 154
——タウンシップとタウンホール・ミーティング	91-92
自然	71, 80, 125, 129, 135-150
文化的存在としての——	146, 154
司法府	56-57
自由	iv, 6, 35-40, 42-45, 47-54, 57, 60-63, 70, 72, 85, 91, 98-101, 110, 121, 135, 151
出生	40-41, 99
殉教	137
真実和解委員会	119
選挙	51, 85, 150
戦争	151
全体主義	ii, iii, 4, 26-27, 30, 95, 114, 127, 131-134, 136
——的独裁	iii
増強（augmentation）	52-54, 56, 62-63, 70, 73
——の政治	63
ソーシャル・ネットワーク	115
創設	42, 46, 52-63, 69-70, 72-73
革命的——	42, 58
——と保存	54, 56

——の暴力	73

タ行

代表制民主主義	3, 7, 71, 85
秘匿と——	85
聴衆	ii, 4-5, 88
——民主主義	7-8
直接民主制	116
罪	20, 119-123, 128-130, 134, 137
抵抗	30
抵抗運動（レジスタンス）	iii, 114
帝国	55
徹底的（な）民主主義	45, 53, 63, 69, 72
徹底的な民主主義者	98
デモ	4
テレビ	7, 111
投票	3, 8, 85

ナ行

ナチス	iii, 24, 26-27, 126, 135-137
ニュースクール・フォア・ソーシャル・リサーチ	vii, 111, 125
熱狂	i, 44, 112, 114

ハ行

始まり	39-45, 47-48, 51-59, 61, 93, 99, 133, 135
ハッカー	112
犯罪者	13, 19, 103, 112, 123, 127
反戦	104
判断	i-iii, 6, 10, 18-19, 22-23, 28, 31-32, 52, 54, 56-57, 67, 90, 109-111, 115, 129-130, 133

美的——	17-18, 20, 27-28, 90	——としての文化	89-90
政治的——	18-20	保存	53-54, 56, 60, 90, 92
回顧的な——	60, 62	ポリス	41-42, 51, 71, 75-76, 79, 83, 85, 94, 116, 153
反省的——	33		
判断力	4, 17, 19, 33, 66, 116, 133	マ行	
美的——	18-19		
政治的——	18, 57	マス・コミュニケーション	105
規定的——	33, 133	無関心	75, 86
反省的——	31, 33, 66, 133	メディア	95, 113, 115
反復革命	49-51, 71-72, 96	マス・——	89
非暴力	104, 135	出版——	114
——サティヤーグラハ	105, 135	ヤ行	
秘密	94-95		
——性	103	ユダヤ人	10-11, 14, 16, 22-23, 29, 112, 114, 135
評議会	68, 150-152, 154		
——制	102	——評議会	9, 11, 17, 30
不服従	ii, iv, 4-6, 98, 102-103, 110, 137	許し	119-137
市民的——	6, 98, 102, 104-105, 110, 114	ラ行	
法	69-70	ラジオ	7, 113
暴力	iv, 111, 146	良心	iii
保守	6, 52, 54, 56, 58	連邦	151
——主義	61		

人名索引

ア行

アイヒマン, アドルフ　9-32, 120-126
アベル, ライオネル　17, 114
アラート, アンドルー　vii, 47, 50
アリストテレス　77, 109, 141
イエス　121-122
ヴィラ, ダナ　110, 116
ウェーバー, マックス　98, 111
ウォルツァー, マイケル　58

カ行

カノバン, マーガレット　97, 113, 152
ガンジー, マハトマ　100, 104-105, 135
カント, イマヌエル　32, 45, 67, 103, 105, 107, 112-113, 116, 123
クリステヴァ, ジュリア　124
ケイテブ, ジョージ　10, 17-18, 29, 44, 137

サ行

ジェファーソン, トマス　37-39, 47, 49-51, 53, 57, 69-70, 72, 102
ショーレム, ゲルショーム　14-15, 25, 29, 35, 136
聖アウグスティヌス　64, 73, 136
ソクラテス　137

タ行

チャップマン, アン　145, 154
ツァオ, ロイ　71
ツツ大司教　136
デリダ, ジャック　44, 119, 123

ナ行

ニーマン, スーザン　129-130, 134
ニーチェ, フリードリヒ　71

ハ行

バーンスタイン, リチャード　vii, 136
ハイデガー, マルティン　67, 125
ハミルトン, アレクサンダー　53
ビルスキー, レオラ　33
ブクチン, ムレイ　149
フクヤマ, フランシス　75
プラトン　23, 99
フレイザー, ナンシー　vii, 65
ペイン, トマス　46-47
ヘラー, アグネス　60-62
ベンハビブ, セイラ　15-16
ホワイトサイド, ケリー　154

マ行

マディソン, ジェイムズ　53, 69
マルクーゼ, ヘルベルト　101
マルクス, カール　37-38, 93

ヤ行

ヤスパース,カール　　21-23, 26-28,
　　　　　　　　　　66-67, 101, 137
ヤング・ブルーエル,エリザベス
　　　　　　　　　　22, 114
ユーベン,ピーター　　65, 115

ラ行

ラ・カズ,マーギュリテ　　26, 130
ルソー,ジャン・ジャック　35, 39, 111
レーニン,ウラジミール　　38, 68-69
レッシング,ゴットホルト　　23, 36
ロールズ,ジョン　　　　　45-47, 63

著者紹介

小山花子（こやま はなこ）

1974年東京生まれ。青山学院大学で国際政治、一橋大学大学院で社会理論を学ぶ。アメリカのニュースクール・フォア・ソーシャル・リサーチ留学。2007年、政治学博士。現在、盛岡大学准教授。アメリカ政治学会、日本社会学会、唯物論研究協会所属。

論文

「不服従——政治的あるいは道徳的」『理想』第690号、2013年3月
"Detached to Act: An Interpretation of the Arendtian Spectator." *International Relations and Diplomacy*. Volume 2, Number 6, June 2014.
"Conservatism, Nature, Critique: Hannah Arendt's Uneasy Education." *The International Journal of Humanities Education*. Volume 13, Issue 4, December 2015.
"Politician, Liar, and 'Post-Truther': Rereading Hannah Arendt's Thought."『比較文化研究』第27号、2017年3月

著書（共著）

Left and Right: The Great Dichotomy Revisited. Rita Ferreira and João Cardoso Rosas, eds. Newcastle: Cambridge Scholars, 2013
『リアル世界をあきらめない——この社会は変わらないと思っているあなたに』時代をつくる文化ラボ制作、はるか書房、2016年
『インターネットの銀河系——ネット時代のビジネスと社会』マニュエル・カステル著、矢澤修次郎・小山花子訳、東信堂、2009年

観察の政治思想——アーレントと判断力

| 2013年4月20日 | 初　版第1刷発行 | 〔検印省略〕 |
| 2018年4月30日 | 初　版第2刷発行 | 定価はカバーに表示してあります。 |

著者Ⓒ小山花子／発行者　下田勝司　　印刷・製本／中央精版印刷株式会社

東京都文京区向丘1-20-6　　郵便振替00110-6-37828
〒113-0023　TEL(03)3818-5521　FAX(03)3818-5514　　発行所　株式会社 東信堂
Published by TOSHINDO PUBLISHING CO., LTD.
1-20-6, Mukougaoka, Bunkyo-ku, Tokyo, 113-0023, Japan
E-mail : tk203444@fsinet.or.jp　http://www.toshindo-pub.com

ISBN978-4-7989-0166-4　C3036　　Ⓒ Hanako KOYAMA

東信堂

グローバル化と知的様式—社会科学方法論についての七つのエッセー	J・ガルトゥング 大矢 光 訳 重澤修太郎	二八〇〇円
社会的自我論の現代的展開	船津 衛	二四〇〇円
組織の存立構造論と両義性論—社会学理論の重層的探究	舩橋晴俊	二五〇〇円
社会学の射程—ポストコロニアルな地球市民の社会学へ	庄司興吉	二三〇〇円
地球市民学を創る—変革のなかで	庄司興吉編著	二三〇〇円
市民力による知の創造と発展—身近な環境に関する市民研究の持続的展開	庄司興吉編著	三三〇〇円
社会階層と集団形成の変容—集合行為と「物象化」のメカニズム	萩原なつ子	三三〇〇円
階級・ジェンダー・再生産—現代資本主義社会の存続メカニズム	丹辺宣彦	六五〇〇円
現代日本の階級構造—理論・方法・計量・分析	橋本健二	三二〇〇円
人間諸科学の形成と制度化—社会諸科学との比較研究	橋本健二	四五〇〇円
現代社会と権威主義—フランクフルト学派権威論の再構成	長谷川幸一	三八〇〇円
現代社会学における歴史と批判（上巻）	保坂 稔	三六〇〇円
現代社会学における歴史と批判（下巻）—近代資本制と主体性	山田信吾編	二八〇〇円
観察の政治思想—アーレントと判断力	片桐新自編 丹辺宣彦	二八〇〇円
インターネットの銀河系—ネット時代のビジネスと社会	M・カステル 矢澤・小山 訳	三六〇〇円
福祉政策の理論と実際（改訂版）福祉社会学研究入門	三重野卓編	二五〇〇円
認知症家族介護を生きる—新しい認知症ケア時代の臨床社会学	平岡公一 井口高志	四二〇〇円
社会福祉における介護時間の研究—タイムスタディ調査の応用	渡邊裕子	五四〇〇円
介護予防支援と福祉コミュニティ	松村直道	二五〇〇円
対人サービスの民営化—行政・営利・非営利の境界線	須田木綿子	二三〇〇円

〒113-0023　東京都文京区向丘1-20-6
TEL 03-3818-5521　FAX03-3818-5514　振替 00110-6-37828
Email tk203444@fsinet.or.jp　URL:http://www.toshindo-pub.com/

※定価：表示価格（本体）＋税